개별화 교육을 위한
몬테소리 교수-학습 지도안

# 기 하

(6~12세)

권 명 자 지음

M 도서출판 몬테소리

# □ 머 리 말

> 여기 새로운 길이 시작되는데 그곳엔 아이들을 가르치는 교사는 있지 않고 대신 교사를 가르치는 아이들이 있을 것이다. -마리아 몬테소리-
> "손은 인간이 지식을 얻는 도구이다." -마리아 몬테소리-
> '아주 어린 학생일지라도 세계에 자신을 몰두시키고 구름이 없는 달과 같이 이 세계를 환하게 비춘다.' -불교-

먼저 기하학 탄생의 역사적 배경을 살펴보면 대략 다음과 같다.

세계에서 가장 오래된 문명국 이집트는 아프리카 대륙의 동북쪽에 있었는데 이미 2,000여년 전에 멸망하였다. '역사의 아버지'라 불리는 그리스의 헤로도투스(Herodotus)의 저서를 보면 "세소스토레스 왕은 이집트 사람들에게 사각형의 토지를 제비를 뽑아 나누어 준 다음 매년 세금을 내게 하였다.

그러나 해마다 나일강의 대홍수로 토지가 유실되면 유실된 땅만큼의 세금은 빼고 냈다." 이 기록에서 이집트에서 토지 측량술이 쓰이고 있었음을 알 수 있다. 이 토지 측량에 관계된 수학이 바로 기하학이며 여러 가지 꼴의 토지 넓이를 재는 기술이 발달하게 되었다.

이처럼 이집트의 기하학은 실생활의 필요로부터 등장하였다. 고대 수학 문헌 중 가장 오래된 [아메스의 파피루스(또는 린드 파피루스)]가 이를 잘 보여주고 있다. 이 책에는 원의 넓이가 꽤 정확한 근사값이 실려 있으며 피라미드의 부피를 정확히 계산하여 기록하였고 분수 계산, 분수 응용, 경지 면적, 곡식 창고의 용량 등에 관한 문제들을 풀이해 놓고 있다.

중국의 오래된 수학책 [구장산술]에는 도형의 넓이나 부피 계산에 대한 고도의 지식이 담겨 있다. 또 수메르 말로 tim은 '직선'이란 뜻을 가지고 있고 '새끼줄'이란 뜻도 있다고 한다. 이것은 바빌로니아 사람들이 새끼줄로 거리를 재는 데서 유래된 것인데 일상생활과 기하학의 밀접함을 알려 주고 있다.

옛날에는 교과서로는 유클리드의 저서 이외에 다른 것이 없었으므로 유클리드를 책의 이름으로 착각하거나 또는 유클리드를 기하학 자체라고 착각하는 사람조차 있었다. 이러한 원인은 그리스 사람으로부터 문명을 전해 받은 아랍 사람들이 Euclid를 Uclides, Iclides등으로 잘못 전한 것으로, 'Ucli'가 '열쇠'를 'Des'가 '측량'이나 '기하'를 뜻하는 말이므로, 위와 같은 착각을 하게 되었는지 모른다. 유클리드는 BC 330년경 시리아(Syria)의 지루에서 출생하였으며, 아버지는 노크라데스, 할아버지는 시날크스라고 하는 다마스크 출신의 그리스인이었다.

유클리드가 태어났던 시대는 아리스토텔레스와 메네쿰스(Menaechums)의 시대였고 아테네가 문화의 중심지였다. 그래서 노크라데스부부는 아들 유클리드를 아테네에게 유학시켰으며, 플라톤 학파의 아카데미에서 학교교육을 받게 하였다. 머리가 좋은 유클리드는 그 교리와 이치를 정통하였고 특히 수학에 비범한 재능을 발휘하였다.

기하학이란 점, 선, 면, 입체 등이 만드는 공간 도형의 성질을 연구하는 수학의 한 갈래이다. 예를 들어서, 삼각형의 넓이 구하는 공식, 파이(원주율)를 사용, 그 유명한 피타고라스 정리도 기하학의 한 예이다. 기하학은 현대의 건축물이나 자동차 등의 제작을 가능하게 하였다. 기하학이란 공간의 수리적(數理的) 성질을 연구하는 수학의 한 분야이다.

현재 기하학은 영어로 geometry라 하는데, geo-는 토지를, metry는 측량을 뜻한다. 이집트인이 개발한 도형에 관한 지식은 지중해를 건너 그리스로 전파되었는데, 경험적이었던 이집트인과는 대조적으로 추상적인 사고방식에 능했던 그리스인은 도형에 대한 개념을 새로이 형성하고, 연역적(演繹的)으로 이를 논하였으며, 특히 탈레스와 피타고라스의 노력에 의해 비약적으로 발전하였다. 두 삼각형의 합동, 비례 정리 등은 탈레스의 발견이었고, 또 피타고라스학파에 의해 피타고라스의 정리가 발견되고 증명되었다. 그 당시의 기하학에 관한 지식은 유클리드의 <기하학원본:Stoicheia>에 집대성됨으로써 유클리드기하학(초등기하학)의 체계가 비로소 완성되었다. (자료 : 인터넷)

기하학은 1.미분 기하학 2.유클리드 기하학 3.입체 기하학 4.초등 기하학 5.평면 기하학 6.화법 기하학 등이 있다. 이상 기하학의 역사적 근원을 간단히 살펴보았다.

우리나라 수학과 초등학교교육과정은 수, 연산, 도형, 측도, 관계 등의 영역이 각 학년별, 수준별로 다양하게 지도되고 있다 결국 고대 이집트의 실생활에서 근거한 도형이나 측도와 관계 그리고 더 나아가 수와 연산활동 등으로 그 특징을 분명히 하여 다양한 수학과의 학습활동이 통합적으로 이루어지고 있다.

## ◆ 교구소개

< 선 반 1 >
<기하입체>    <기하 도형서랍>    <기하도형 카드>

| 구성삼각형 시리즈 |
|---|
| ①파란 삼각형 상자 ②직사각형 상자 ③파란색 직각부등변 삼각형 상자 |
| ④구성 삼각형 ⑤노랑 구성삼각형 ⑥큰 육각형 상자 ⑦작은 육각형 상자 |
| 기하막대 |
| 기하3부분 카드, 책자, 벽차트 |

| 합동 - 등기 - 유사(닮은)도형 |
|---|

< 선 반 2 >
<분홍탑>    <갈색계단>

| 부피를 가르치는 교구 |
|---|
| 면적과 둘레를 가르치는 교구 |
| 부피측정교구 |
| 면적과 둘레를 가르치는 교구 |

# 일 러 두 기

본 지도안은 몬테소리 교육을 중심으로 기하영역지도방법 제시한 것이다. 본 교수·학습지도안 활용의 이해를 돕기 위하여 몇 가지 일러두기를 둔다. 초등 몬테소리교육에서는 3~6세, 6~9세, 9~12세로 나누어 그 지도 내용과 방법을 제시한다. **본 기하영역은 6~9세, 9~12세로 그 수준을 달리**하고 있으며 유치원에서는 감각 교구로 그 도입이 시작된다.

본 자료의 목차는 기하영역의 지도내용을 쉽게 볼 수 있도록 제시하였다. 그러나 아동의 개인별 기초 학습 준비도나 지적 성장속도와 지도내용에 따라 재 구성하여 운영할 수도 있다. 즉 ①주제 ②대상 연령 ③교구 ④목적(직접목적과 간접목적) ⑤선행학습 ⑥언어 ⑦교구 제시 ⑧활동과정 ⑨흥미점 ⑩실수정정 ⑪변형확대 및 응용 ⑫지도상의 유의점 ⑬관찰(평가) 등으로 제시하였다. 한 가지 유의할 점은 한 주제의 학습량에 따라 활동시간에 신축성을 둔다.

## 1. 주제

학습 주제는 활동의 내용을 쉽게 알아 볼 수 있도록 간단한 용어로 함축하여 제시하였고 주된 교구 이름으로 제시하기도 하였다

## 2. 대상 연령

본 활동은 아동 발달에 따른 단계를 대개 6~9세, 9~12세 등으로 구분하여 그 내용을 제시하였다. 6~9세는 초등1·2·3학년, 9~12세는 초등4·5·6학년의 활동으로 제시하였다.

## 3. 교구

교구는 학습의 문제 해결에 필요한 **준비된 교구환경(교구)**을 제시하였다. 그러나 본 교구외에도 변형 추가 또는 대치성이 있거나 첨가의 필요성에 따라 보완함이 바람직하다. 그러나 수학교구는 가능한 **제작된 기본 기초교구를 마련**하고 내용에 따라서는 제작해서 사용하는 것도 바람직하다.

## 4. 목적

몬테소리 지도안의 특징으로 볼 수 있는 학습목표 제시는 **직접목적과 간접목적**이 있다. **직접 목적**은 주로 아동발달상의 목적으로 본 시간에 달성해야 할 목표를 의미하며 **간접 목적**은 직접 목적외에도 본 학습에 의하여 포괄적인 차원의 발전적이고 행위적인 목적을 의미한다.

## 5. 선행 학습

선행 학습은 **직접 선행학습**과 **간접 선행학습**으로 나누어 볼 수가 있다. **직접 선행학습**은 본 주제를 해결하기 위한 준비된 **기초학습**이며 간접 선행학습은 꼭 수학이 아니더라도 질서감, 협동감 등 통합적으로 학습된 여러 가지를 의미한다. 선행학습의 필요성은 만약 기초학력이 부진할 경우 다음 학습활동의 수행에 어려움이 따르기 때문이다.

## 6. 언어
우리는 흔히 언어지도를 주로 국어과에서 하는 것으로 생각하기 쉬우나 동물에 관련한 언어, 식물에 관련한 언어 그리고 지리·역사·과학 등 모든 교과에서 직접 관련된 학문적인 용어들을 통합적으로 수없이 많이 익히게 된다.

## 7. 교구 제시
교구 제시는 아동들에게 정확히 제시 되어야 한다. 본 교구란에서는 교구활용 상황을 쉽게 볼 수 있고 학습하는 방법을 감지할 수 있도록 하였다.
본 란의 교구 제시는 색상처리가 마땅하나 여러 가지 여건상 흑백으로 처리한 점은 아쉬움이라고 본다.

## 8. 활동 과정
활동 과정에는 수업의 진행 상황을 제시하였다. 교사의 지도방법에 따라 더욱 다양한 교수 학습방법을 개발하여 실시하는 것이 바람직하다. 활동과정에서 반드시 유의할 점은 교사의 정확한 제시와 구체적인 조작기의 아동들이 교구를 스스로 선택하는 등 자기 주도적인 학습활동으로 집중력과 사고력, 창의력을 신장시킬 수 있도록 노력해야 한다.

## 9. 흥미점
흥미점은 그 자료 조작에서 색깔·소리·모양·인식점 등 좋아하거나 매력적인 것이 무엇인가를 오감을 통해서 느낄 수 있는 점을 제시하였다. 제시한 외에도 상황과 아동 개인에 따라서는 여러 가지 다양한 흥미점을 발견하게 될 것이다.

## 10. 실수 정정
실수정정은 자료활용이나 학습방법의 미숙으로 발생된 문제를 정정해주기 위한 상황이나 정정 방법을 제시한 것이다. 학습활동에서 생기는 실수는 교사의 면밀한 관찰과 신속한 대처로 자연스럽게 정정되어야 할 것이다.

## 11. 변형확대 및 응용
아동의 학습활동이 주어진 활동으로 끝내는 것이 아니고 더욱 발전적인 추가(심화)활동으로 발전됨을 제시하였다. 즉 학습활동에서 변형이나 확대 그리고 응용하여 새로운 정보를 찾거나 무엇인가를 창출해낼 수 있도록 이끌도록 한다.

## 12. 지도상의 유의점
학습목표 도달을 위하여 학습활동에서 오기 쉬운 시행착오를 사전에 줄이기 위한 것으로 실험 과정에서 나타났던 내용들을 제시하였다. 즉 학습 계획 단계에서 평가까지 각종 야기될 수 있는 여러 가지 문제점이나 보완사항을 제시하였다.

## 13. 관찰(평가)
평가는 대개 직접목적과 밀접한 관련을 가지고 있으며 아동 스스로 또는 교사의 관찰에 의한 누가기록과 다양한 평가방법에 따라 이루어진다. 따라서 본 란에는 수업목표와 관련된 평가 내용들을 제시하였다.

# Geometry Flow Chart

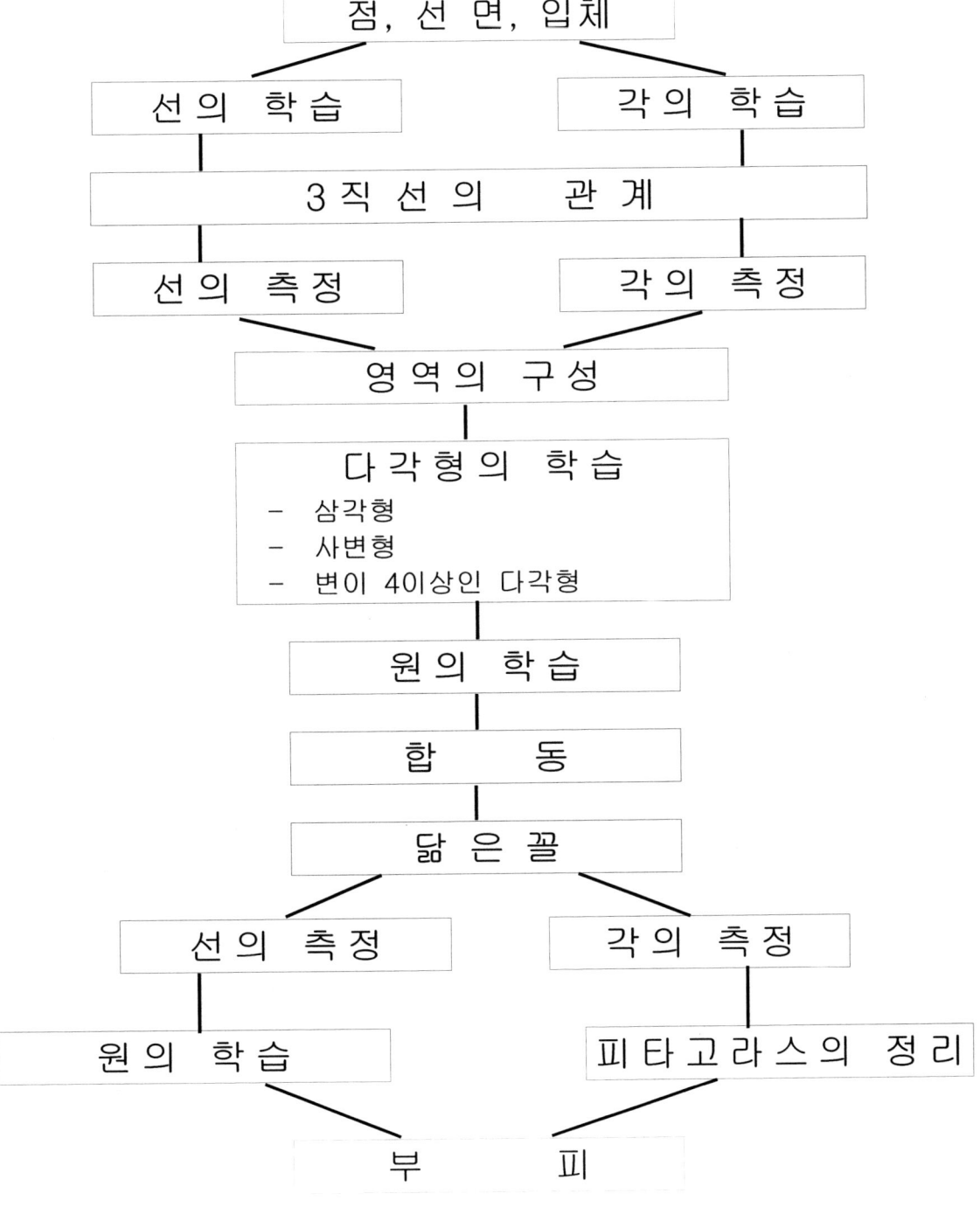

# 기 하 학 (교구셋팅 Setting)

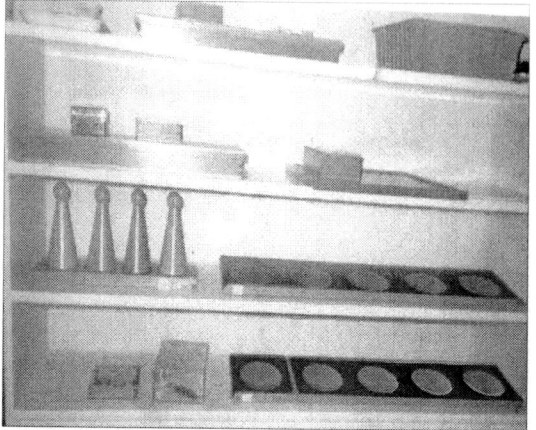

# 차 례

6~9세 ·······································································8~105

9~12세 ···································································107~236

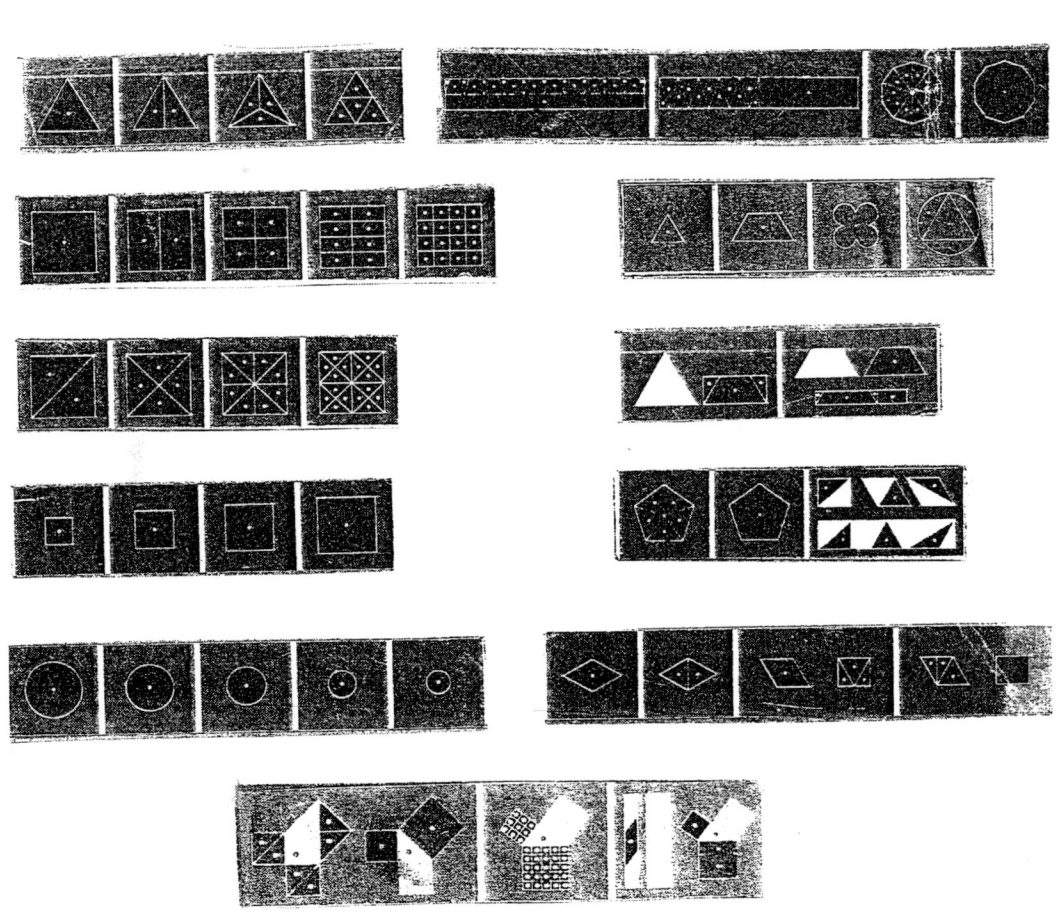

몬테소리 교수-학습지도안

# 기 하
( 6 ~ 9 세 )

# 목          차
## (6~9세)

- □ 머리말 ·································································································· 1
- □ 일러두기 ······························································································· 3
- □ 기하차트(Geometry flow Chart) ······················································ 5
- □ 기하학(교구장) ···················································································· 6

## I. 기본개념

### 1. 기하도형서랍
- 활동(1) 기본제시쟁반 ············································································ 11
- 활동(2) 삼각형 도형 서랍 ····································································· 13
- 활동(3) 직사각형 서랍 ··········································································· 15
- 활동(4) 정다각형서랍 ············································································· 17
- 활동(5) 원 서랍 ······················································································ 19
- 활동(6) 사각형 서랍 ··············································································· 21
- 활동(7) 곡선도형 서랍 ··········································································· 23

### 2. 기하입체
- 활동(8) 기하입체도형 ············································································· 25

### 3. 구성 삼각형
- 활동(9) 구성삼각형 직사각형상자 I ····················································· 27
- 활동(10) 구성삼각형 직사각형상자 II ················································· 29
- 활동(11) 직각 부등변 삼각형상자 ························································ 31
- 활동(12) 삼각형 큰육각형상자 ······························································ 33
- 활동(13) 작은육각형상자 ······································································· 35

### 4. 기하막대
- 활동(14) 기본제시 ··················································································· 37
- 활동(15) 명명카드 ··················································································· 39

## II. 선의학습

### 1. 점, 선, 면
- 활동(16) 점, 선, 면, 입체 ····································································· 41

### 2. 선의종류, 3. 선의부분들
- 활동(17) 선의종류(직선,곡선), 선의부분(반직선,선분,원점,끝점) ··············· 44

### 4. 선의 위치
- 활동(18) 수평선, 수직선, 사선 ····························································· 46

### 5. 두선 사이의 관계
- 활동(19) 평행선,수렴선,발산선,교선, 꼬인위치의 직선, 수선, 수직이등분선 ········· 48

### 6. 두 직선과 세 직선 사이의 관계
- 활동(20) 두 직선과 세 직선 사이의 관계 ············································ 50

## III. 각의 연구

### 1. 각
- 활동(21) 각의 명칭, 두각의 관계 ························································· 52

### 2. 각의 종류
- 활동(22) 직각, 예각, 둔각, 평각, 우각, 360° ······································· 54

3. 두각의 관계
      활동(23) 이웃각, 맞꼭지각, 여각, 보각 ·················································· 56
   4. 각의 관계
      활동(24) 내각, 외각, 내엇각, 외엇각, 동위각 ········································ 58
   5. 각의 이등분선
      활동(25) 각의 이등분선 ······································································ 60

Ⅳ. 평면도형의 연구
   활동(26) 폐곡선 ···················································································· 62
   활동(27) 다각형 ···················································································· 64
   활동(28) 곡선도형 ················································································ 66

Ⅴ. 삼각형의 연구
 1. 삼각형의 각부분들
   활동(29) 여러 가지 모양의 삼각형 ······················································· 68
   활동(30) 삼각형의 변 ··········································································· 70
   활동(31) 삼각형의 각 ··········································································· 72
   활동(32) 삼각형의 높이 ········································································ 74

Ⅵ. 사각형의 연구
   활동(33) 사각형 ···················································································· 76
   활동(34) 사다리꼴의 부분들 ·································································· 78
   활동(35) 사다리꼴의 종류 ····································································· 80

Ⅶ. 다각형의 연구
   활동(36) 다각형의 종류 ········································································ 82
   활동(37) 정삼각형과 정사각형 ······························································ 84
   활동(38) 다각형의 부분들 ····································································· 86

Ⅷ. 원의 연구
   활동(39) 원의 각 부분 ·········································································· 88
   활동(40) 원과 직선과의 관계 ······························································· 90
   활동(41) 두 원의 관계 ·········································································· 92

Ⅸ. 도형의 면적
   활동(42) 사각형의 둘레 ········································································ 94
   활동(43) 삼각형의 둘레 ········································································ 96
   활동(44) 직사각형의 면적 ····································································· 98
   활동(45) 정사각형의 면적 ··································································· 100
   활동(46) 삼각형의 면적 ······································································ 102
   활동(47) 직육면체의 부피 ··································································· 104

Ⅰ. 기본개념
　　1. 기하도형서랍
　　　활동(1)

| 주　　　제 | 기본 제시 쟁반(제시1) | 대상연령 | 6~9세 |
|---|---|---|---|
| 교　　　구 | 기본제시 쟁반 (제1서랍 ~ 제6서랍) | | |
| 목　　표 | 직 접 | 기하도형의 형태 인식을 통한 시각의 정련성을 기른다. | |
| | 간 접 | 기하학의 준비를 위한 평면 도형의 이름과 모양을 익힌다. | |
| 선 행 학 습 | 기하 입체 | | |
| 언　　　어 | 기하 도형, 원, 삼각형, 사각형, 도형의 꼭지 | | |
| 교　구　제　시 | | | |

| | |
|---|---|
| 활동과정<br>(상호작용) | 제시1) 기본 제시쟁반을 제시한다.<br>• 아동초대 : 아동을 초대하여 활동 명을 알려 준다.<br>• 매트깔기.<br>• 기하 도형 서랍을 소개한다.<br>• 기본 제시 쟁반의 명칭을 알려 준다.(삼각형→원→사각형)<br>• 오른손 엄지, 검지, 중지를 이용하여 도형의 꼭지를 잡아 꺼낸 후 다시 제자리에 꽂아 넣는다.(△형은 최초로 만들어지는 다각형이다.<br>제시2)<br>• 꺼내어 틀 안의 빈칸에 놓는다.<br>• 도형의 꼭지를 왼손의 엄지, 검지, 중지를 이용하여 잡아 뒤집는다.<br>• 오른손 검지, 중지, 두 손가락으로 틀의 둘레를 시계 반대 방향으로 덧그린다.<br>• 같은 방법으로 왼 손에 들고 있는 도형 둘레를 색연필로 덧그린다.<br>• 덧그린 그림과 도형의 모양이 같은 모양임을 확인하고 고개를 끄덕인다.<br>• 제 자리 틀에 넣고 다시 다른 도형을 이와 같이 덧그린다.<br>• 활동이 끝난 다음 제자리에 정돈한다. |
| 흥미점 | 도형의 이름을 배우는 것, 도형의 틀과 도형을 덧그려보는 것. |
| 실수정정 | 도형을 도형의 틀에 넣었을 때 짝이 맞지 않을 때 |

| | | |
|---|---|---|
| 변형 확대<br>및<br>응용 | • 기억 놀이.<br>• 기하도형 그려보고 색칠하기.<br>• 환경 내에서 기하도형과 같은 모양 찾기.<br>• 그린 것을 오려 기하도형에 대한 소책자 만들기. | **지도상의 유의점**<br>3~6세 어린이에게는 △→○→□ 순서로 제시하고 6~9세는 △→□→○의 순서로 제시한다. |
| | | **관찰 (아동평가)**<br>기하도형의 형태가 서로 다름을 인지하는가? |

### 활동(2)

| 주 제 | 삼각형 도형 서랍 | 대상연령 | 6~9세 |
|---|---|---|---|
| 교 구 | 기하도형 서랍에서 삼각형 서랍 | | |
| 목 표 | 직 접 | 삼각형 형태의 인식을 통한 시각 능력을 기른다. | |
| | 간 접 | 삼각형 이름과 모양을 익힌다. | |
| 선행학습 | 기본 제시 쟁반 | | |
| 언 어 | 정삼각형, 이등변삼각형(예각, 직각, 둔각) 부등변삼각형(예각, 직각, 둔각) | | |
| 교구 제시 | | | |

| | |
|---|---|
| 활동과정<br>(상호작용) | 제시1) 삼각형 서랍을 꺼내어 제시한다.(7가지 삼각형도형)<br>　- 두 손으로 서랍의 양편을 잡고 빼내서 깔판 위에 놓는다.<br>• "이것은 삼각형이 들어있는 기하도형 서랍이란다."라고 소개한다.<br>• 삼각형 중에서 "세 변이 같고 세 각이 같은 삼각형은 정삼각형이다."하며 예각이등변삼각형→ 예각 부등변 삼각형→ 직각이등변 삼각형→직각 부등변 삼각형→둔각이등변삼각형→ 둔각 부등변 삼각형의 순서로 일러준다.<br>• 여러 종류의 삼각형 중에서 한 번에 한 가지씩만 가르치고 여러 가지 삼각형을 스스로 탐구할 수 있는 기회를 준다.<br><br>①정삼각형은 세 변의 길이와 세 각의 크기가 같다.<br>②이등변삼각형은 두 변의 길이가 같다. 예각이등변삼각형은 변→각→변, 각을 병행하여 분류한다.<br>③부등변삼각형은 세 변의 길이가 다 다르다. 각으로 분류하여 예각 부등변삼각형으로 명명한다.<br>④직각이등변 삼각형은 변의 이름으로 '이등변', 각의 이름을 '직각' 변과 각의 이름으로 '직각 이등변'삼각형으로 명명한다.<br>⑤변은 부등변, 각은 직각이므로 직각 부등변삼각형이라고 한다.<br>⑥변은 이등변, 각은 둔각이므로 둔각 이등변삼각형이라고 한다.<br>⑦변은 부등변, 각은 둔각이므로 둔각 부등변삼각형이라고 한다. |
| 흥미점 | 7개 삼각형 도형의 이름을 아는 것. |
| 실수정정 | 여러 가지 도형에서 삼각형을 가려내지 못할 때. |
| 변형확대<br>및<br>응용 | (2) 삼각형 도형서랍<br>①　②　③<br>④　⑤　⑥<br>⑦　그려보기 |

| 지도상의 유의점 |
|---|
| 삼각형의 분류와 제시는 변→각으로 지도한다. 현실적으로 만들 수 있는 삼각형은 몇 개나 되는지 탐구한다. |

| 관찰 ( 아동평가 ) |
|---|
| 삼각형의 형태가 다양함을 이해하는가? |

## 활동(3)

| 주 제 | 직사각형 서랍 | 대상연령 | 6세 이상 |
|---|---|---|---|
| 교 구 | 기하도형 서랍의 직사각형 서랍 | | |
| 목 표 | 직 접 | 직사각형 형태의 인식을 통한 시각의 정련성을 기른다. | |
| | 간 접 | 실생활에서 사각형의 중요성을 알고 활용한다. | |
| 선행학습 | 삼각형 서랍 | | |
| 언 어 | 기하도형 서랍, 직사각형, 직각, 정사각형 | | |
| 교구제시 | (3) 직사각형 서랍<br><br>① ② ③<br>④ ⑤ ⑥<br><br>< 직사각형 서랍 ><br>가로, 세로의 길이가 10cm인 정사각형 1개, 세로의 길이가 다른 직사각형 5개가 큰 것에서부터 작은 것의 순서로 배열되어 있다. | | |

| | |
|---|---|
| 활동과정<br>(상호과정) | • 기하 도형 서랍중 직사각형 서랍을 소개한다.(내용물과 명칭카드)<br>• 서랍을 반쯤 꺼내고 두 손으로 서랍의 양편을 잡고 빼내서 깔판 위에 놓는다. 각 도형에 맞는 정의카드를 제시한다.<br>• "두 쌍의 변이 평행하고 네 각이 모두 직각인 사각형은 직사각형이다"하며 가장 큰 것에서부터 가장 작은 것까지 6개를 제시 한다.<br>• 기본제시 쟁반 제시 할 때와 동일하게 정사각형을 꺼내어 "네 변의 길이가 같고 네 각이 모두 직각인 사각형이 정사각형 이란다"하며 정사각형도 직사각형에 포함됨을 알아본다..<br>• 3단계 학습법으로 정사각형을 지도한다.<br>  - 1단계 : 이 도형은 정사각형이란다.<br>  - 2단계 : 정사각형을 집어서 내 손바닥에 올려놓아 보겠니?<br>  - 3단계 : 이것은 (이 도형은)무엇이지?<br>  - 직사각형의 크기를 비교하여 "이것은 그것보다 크다(작다)" 로 표현해 본다.<br>  - 정리하여 기하도형 서랍을 제자리에 끼우고 정리한다. |
| 흥 미 점 | 도형의 이름을 배우는 것과 도형을 덧 그리는 것. |
| 실 수 정 정 | 사각형과 삼각형을 구별하지 못할 때. |

| | | |
|---|---|---|
| 변형확대<br>및<br>응 용 | • 여러 가지 사각형의 기하도형을 그려보고 색칠하기.<br><br>• 그린 것을 오려 기하 도형 소 책자를 만들기. | 지 도 상 의 유 의 점 |
| | | 네 변의 길이가 모두 같은 특별한 사각형이 정사각형임을 알게 한다. |
| | | 관 찰 (아 동 평 가) |
| | | 정사각형과 직사각형의 분류 기준을 아는가? |

## 활동(4)

| 주 제 | 정다각형 서랍 | | 대상연령 | 6세 이상 |
|---|---|---|---|---|
| 교 구 | 정오각형, 정육각형, 정 칠각형, 정팔각형, 정구각형, 정 십각형 교구 등 6개 ||||
| 목 표 | 직 접 | 정다각형의 형태의 인식을 통한 시각의 정련성을 기른다. |||
| | 간 접 | 정다각형의 이름과 모양을 익힌다. |||
| 선행학습 | 사변형 서랍 ||||
| 언 어 | 교구의 명칭과 동일함. ||||
| 교 구 제 시 | 정오각형, 정육각형, 정 칠각형, 정 팔각형, 정구각형, 정 십각형<br><br>< 정다각형 서랍 ><br>정오각형에서 정 십각형까지 6개의 정다각형이 배열되어 있다.<br>정다각형의 "정"이란 변이 모두 같고 각의 크기가 모두 같음을 의미한다. ||||

| | |
|---|---|
| 활동과정<br>(상호작용) | • 오늘 공부할 활동내용을 소개한다.<br>제시1)기하도형 서랍에서 정다각형 서랍을 반쯤 빼내어 양쪽을 두 손으로 잡고 빼낸다.<br>• 기본제시 방법이 동일하다.<br>• 각 변의 길이, 각의 크기가 같은 정오각형, 정육각형, 정 칠각형, 정팔각형, 정구각형, 정 십각형 등을 학습한다.<br>• 도형의 이름을 읽어 보고 익힌다.<br>제시2)기하도형의 명칭카드를 각 각의 정다각형과 짝짓기를 한다.<br>제시3)정다각형을 3단계 학습법에 하여 형태를 익힌다.<br>• 정의카드(설명카드)와 명칭카드, 정다각형을 각 각 짝지어 본다.<br>• 정리하여 기하도형 서랍의 제자리에 끼운다. |
| 흥미점 | • 도형의 틀에 따라과 도형을 덧그리는 작업<br>• 틀에 맞추어 도형을 끼워 보는 것. |
| 실수정정 | 여러 가지 다각형을 보고 서로 다른 특징을 가려내지 못할 때. |

| 변형확대<br>및<br>응용 | • 기하도형을 그려보고 색칠하기<br>① ② ③<br>④ ⑤ ⑥<br>• 그린 것을 오려 기하도형 책 만들기<br>• 환경 내에서 기하도형과 같은 모양 찾기 | 지도상의 유의점 |
|---|---|---|
| | | 정다각형은 변이 모두 같다는데 유의하여 지도한다. |
| | | 관찰 (아동평가) |
| | | 원서랍의 가장 큰원과 정다각형을 겹쳐 보아서 변이 많을수록 남아 있는 공간이 줄어듬을 알게 하여 원은 무수한 변으로 이루어져 있음을 이해하는가? |

## 활동(5)

| 주 제 | 원 서랍 | | 대상연령 | 6세 이상 |
|---|---|---|---|---|
| 교 구 | 직경이 10cm부터 1cm씩 줄어드는 원 6개, 눈가리개 ||||
| 목 표 | 직 접 | 원의 형태 인식을 통한 시각의 정련성을 기른다. |||
| | 간 접 | 원의 이름과 모양을 익힌다. |||
| 선행학습 | 직사각형 서랍 ||||
| 언 어 | 원 ||||
| 교구제시 | <원 서 랍><br>지름이 10cm인 원부터 지름이 1cm씩 줄어드는 원 6개가 배열되어 있다. ||||

| | |
|---|---|
| 활동과정<br>(상호작용) | 제시1) 기하도형 서랍 중 원 서랍을 반쯤 꺼내고 두 손으로 서랍의 양편을 잡고 빼내서 깔판 위에 놓는다.<br>• 오른손 엄지, 검지, 중지를 이용하여 기하 도형을 꺼내어 서랍의 오른쪽에 크기대로 등급화 시켜 놓는다.<br>• 왼손의 3 손가락으로 도형의 꼭지를 잡아 뒤집는다.<br>• 오른손 검지, 중지로 먼저 도형 틀을 시계 반대 방향으로 덧 그리고 도형의 둘레를 덧그린다.<br>• 같은 모양임을 확인하고 고개를 끄덕인다.<br>제시2) 크기가 큰 것부터 작은 것의 순서대로 틀에 집어넣는다.<br>• 아동에게 할 수 있는 기회를 준다.<br>제시3) 눈을 감거나 가리고 종이에 대고 덧 그리고 오린 후 가장 큰 원에 작은 것의 순서대로 대보고 채워지지 않은 부분이 점차 줄게 됨을 본다.<br>• 정리하여 기하 도형 서랍의 제자리에 끼운다. |
| 흥미점 | 도형의 여러 가지 이름을 배우는 것. |
| 실수정정 | 도형에 덧그림을 그리는 방법이 틀렸을 때. |

| 변형확대 및 응용 | | |
|---|---|---|
| ① ② ③<br>④ ⑤ ⑥<br>• 중간 크기의 도형을 제시하고 가장 큰 것과 가장 작은 크기의 도형을 변별해 보기<br>• 비교급의 기억 놀이 | **지도상의 유의점**<br>• 시각 변별력을 주시하여 지도한다.<br>• 원은 무한대의 다각형임을 인지한다.<br>**관찰(아동평가)**<br>원의 크기가 제각기 다름을 알고 있는가? | |

## 활동(6)

| 주 제 | 사각형 서랍 | 대상연령 | 6세 이상 |
|---|---|---|---|
| 교 구 | 마름모, 평행사변형, 둔각 사다리꼴, 부등각 사다리꼴 | | |
| 목 표 | 직 접 | 불규칙한 사변형의 형태의 구별을 통한 시각의 정련성을 기른다. | |
| | 간 접 | 불규칙한 사변형의 이름과 알고 모양에 대한 응용력을 기른다. | |
| 선행학습 | 원 서랍 | | |
| 언 어 | 교구의 명칭과 동일함, | | |
| 교구 제시 | **마름모, 평행사변형, 둔각 사다리꼴, 부등각 사다리꼴**  < 사변형 서랍 > | | |

| | |
|---|---|
| 활 동 과 정<br>(상호작용) | • 오늘 공부할 활동 명을 아동에게 소개한다.<br>제시1)기하도형 서랍 중 사변형 서랍을 반쯤 빼내어 두 손으로 서랍의 양편을 잡고 꺼내어 깔판 위에 놓는다.<br>(기본제시 쟁반과 제시 방법이 동일하다.)<br>①평행사변형 (1) : 두 변이 서로 평행이다.<br>②평행사변형 (2) : 두 쌍의 변이 서로 평행이다.<br>③정사다리꼴 : 한 쌍의 변이 서로 평행이고, 나머지 두 변의 길이가 같다.<br>④일반 사다리꼴 : 직각을 하나 끼고 있다.(직각사다리꼴)<br>제시2)명칭 카드와 각각의 사변형을 짝짓는다.<br>• 3단계 학습법을 이용하여 반복하여 지도한다.<br>• 정리하여 기하도형 서랍의 제자리에 끼운다. |
| 흥 미 점 | • 도형의 이름을 익히는 것.<br>• 도형의 틀과 도형을 덧그리는 것.<br>• 틀에 맞추어 도형을 끼워 보는 것. |
| 실 수 정 정 | 불규칙한 사변형의 특징을 찾지 못할 때. |

| | | |
|---|---|---|
| 변 형 확 대<br>및<br>응 용 | • 기하도형 서랍(사변형)을 자세히 관찰한다. | **지 도 상 의 유 의 점** |
| | • 기하도형을 그려보고 색칠한다. | 정다각형은 변이 모두 같다는데 유의하여 지도한다. |
| | • 그린 것을 오려 기하도형 소책자를 만들기. | **관 찰 (아 동 평 가)** |
| | • 환경 내에서 기하도형과 같은 모양 찾기. | 다각형은 무수히 많게 이루어짐을 감지하는가? |

## 활동(7)

| 주 제 | 곡선도형 서랍 | 대상연령 | 6세 이상 |
|---|---|---|---|
| 교 구 | 타원형, 계란형, 곡선 삼각형, 꽃 마름모꼴 | | |
| 목 표 | 직 접 | 형태의 인식을 통한 시각의 정련성을 기른다. | |
| | 간 접 | 평면도형의 이름과 모양을 익힌다. | |
| 선행학습 | 정다각형 서랍 | | |
| 언 어 | 교구의 명칭과 동일함. | | |
| 교구제시 |  | | |

| | |
|---|---|
| 활 동 과 정<br>(상호작용) | • 오늘 공부할 활동명을 아동에게 소개한다.<br>제시1)기하도형 서랍 중 **곡선도형** 서랍을 반쯤 꺼내어 두 손으로 서랍의 양편을 잡고 꺼내어 깔판 위에 놓는다.<br>• 순서에 관계없이 배열해 놓는다.<br>• **타원**은 양옆의 곡선 부분이 같음을 손가락으로 덧그리면서 감각적으로 느끼게 한다.<br>• **계란형** 타원은 한쪽은 뭉툭하고 한쪽은 뾰족함을 감각적으로 느끼게 한다.<br>• 곡선 삼각형은 세 변이 완만한 곡선 형태임을 알게 하고 삼각형 서랍에서 정삼각형을 꺼내와 비교하게 한다.<br>• **꽃 마름모형(사엽형)**은 꽃잎이 4개 있는 모양이다.<br>• 명칭카드와 각 각의 곡선 도형을 짝지어 본다.<br>제시2)3단계 학습법으로 명칭을 복습한다.<br>• **타원** : 양쪽의 곡선 부분이 같다.<br>• **계란형 타원** : 양쪽의 곡선 부분이 다르다<br>• **곡선 삼각형**<br>• **꽃 마름모형(사엽형)**<br>• 정리하여 기하도형 서랍을 제자리에 끼운다. |
| 흥 미 점 | 꽃 마름모 모양으로 덧그림을 그리게 하는 것. (사엽형) |
| 실 수 정 정 | 곡선도형의 특징을 찾지 못할 때. |

| | | |
|---|---|---|
| 변 형 확 대<br>및<br>응 용 | • 기하도형 명칭 카드놀이.<br>• 그린 것을 오려 기하도형 책 만들기.<br>• 환경 내에서 기하도형과 같은 모양 찾기. | **지 도 상 의 유 의 점**<br><br>곡선 도형 서랍의 제시는 기본제시 쟁반 제시와 동일하나 순서에 관계없이 배열해도 된다. |
| | | **관 찰 (아동 평가)**<br><br>도형의 형태에 관심을 갖는가? |

## II. 기하입체
### 활동(8)

| 주 제 | 기하입체도형(제시2) | 대상연령 | 6세 이상 |
|---|---|---|---|
| 교 구 | 파란색의 기하입체도형(구, 원기둥, 직육면체, 삼각기둥, 정육면체, 삼각뿔, 사각뿔, 원뿔, 계란 형체, 타원형체)등 10개의 입체 | | |
| 목 표 | 직 접 | 기하입체 형태의 인식을 통한 시각의 정련성을 기른다. | |
| | 간 접 | 입체도형과 생활과의 관계를 이해한다. | |
| 선행학습 | 기초적인 감각 활동 | | |
| 언 어 | 입체도형 | | |
| 교구 제시 | 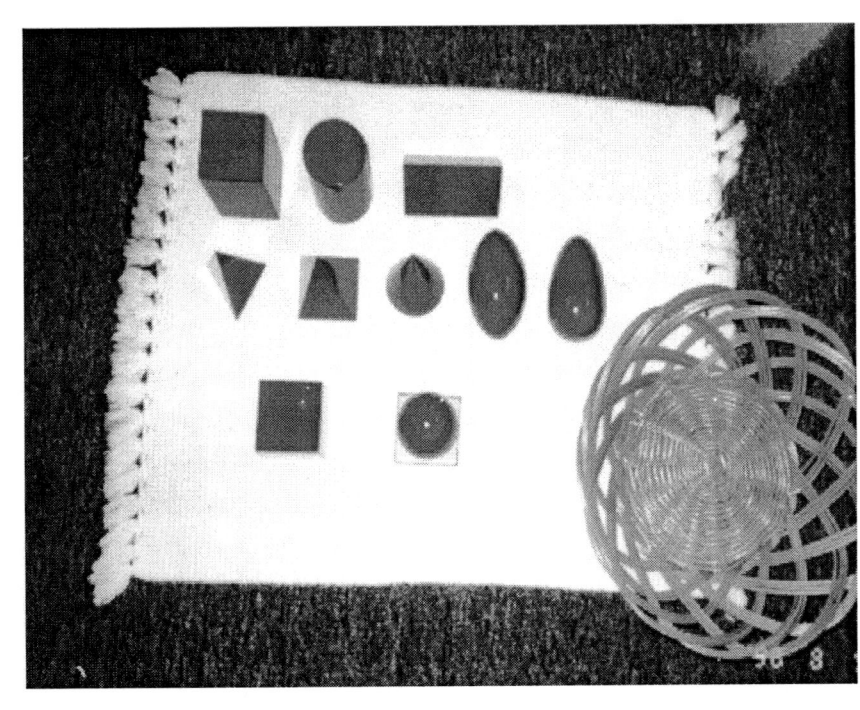 | | |

| | |
|---|---|
| 활 동 과 정<br>(상호작용) | • 기하 입체를 소개한다.<br>제시1)바구니에 파란색의 기하입체 10개를 담고 파란색 보자기를 덮기<br>• 보자기를 벗긴 후 정육면체와 구는 서로 모양이 많이 다르므로 먼저 소개한 후 다시<br>원기둥→직육면체→삼각기둥→삼각뿔→사각뿔→원뿔→타원체→계란 체 순으로 소개한다.(생김새의 특성을 소개한다.)<br>• 기하입체의 색깔과 같은 헝겊이나 뚜껑으로 덮여진 기하입체 바구니를 깔판의 오른쪽에 놓는다.<br>• 바구니에 헝겊을 덮은 채로 손을 넣어 한 개의 기하 입체를 꺼낸다.<br>• 오른손으로 기하입체를 잡고 왼손으로 받친다.<br>• 기하입체를 만져보고 깔판 위에 굴려본다.(정육면체→구→원기둥)<br>• 아동에게 건네주고 만져보게 한다. 충분히 만져 보았을 때 기하입체의 명칭을 알려 준다.<br>• 놀이<br>  - 3단계 교수법에 의해 명칭을 소개한다.<br>① 제시 순서 : 정육면체→구→원기둥→…(순서 없이 제시)<br>② 정육면체 : 모든 면이 평평하다.<br>③ 구 : 곡면으로 이루어져 있다.(한 부분은 점이다. 그래서 굴러다님.)<br>④ 원기둥 : 원기둥을 감각적으로 만져보게 한 다음 명칭을 소개한다.<br>⑤ 직육면체 : 옆으로 눕혀 윗면, 아랫면이 직사각형임을 알게 한다.<br>⑥ 삼각기둥 : 밑면이 삼각형모양이고 옆면이 직사각형인 각기둥<br>⑦ 삼각뿔 : 밑면이 삼각형모양이고 옆면이 삼각형인 모양의 각뿔<br>⑧ 사각뿔 : 정사각형을 밑면으로 하는 삼각뿔<br>⑨ 원뿔 : 밑면이 모양이 원 모양인 뿔 모양의 입체 도형<br>⑩ 타원체와 계란(타원)체<br>  - 기하입체와 명칭카드를 짝짓기를 한다.<br>  - 정리하기<br>(바구니에 기하입체를 모두 담고 보자기로 덮어 제자리에 놓는다.) |
| 흥 미 점 | • 기하입체의 색깔이나 모양이 각기 다름을 보는 것<br>• 기하입체를 굴려보고 쌓아 보는 것 |
| 실 수 정 정 | 기하입체가 각 모양마다 1개씩만 있다. |

| | | |
|---|---|---|
| 변 형 확 대<br>및<br>응 용 | • 눈가리개 한 후 바구니에 손을 넣어 상대방이 지시하는 기하입체도형을 찾아내기. (기억 놀이.)<br>① 각각의 명칭카드로 매칭시킨다.<br>② 그림으로 그려보게 한다.<br>③ 종이를 나누어주고 명칭을 써 보게 한다.<br>④ 언어(문법 품사 부호)와 연계 | **지도상의 유의점**<br>옆면이 같은 모양의 기하입체끼리 붙여보도록 지도한다.<br><br>**관찰 (아동평가)**<br>기하입체의 형태를 감각적으로 느껴서 변별할 수가 있는가? |

# III. 구성삼각형
## 활동(9)

| 주 제 | 구성 삼각형 직사각형 상자 I | 대상연령 | 6세 이상 |
|---|---|---|---|
| 교 구 | 한 쌍의 직각 이등변 삼각형(초록), 한 쌍의 직각 부등변 삼각형(회색), 한쌍의 직각이등변 삼각형(노랑), 한 쌍의 직각 부등변 삼각형(노랑), 한 쌍의 직각 부등변 삼각형(초록), 한 쌍의 정삼각형(노랑), 한 개의 직각 부등변 삼각형(빨강), 한 개의 둔각 부등변 삼각형(빨강) | | |
| 목 표 | 직 접 | 여러 가지 도형의 구성요소를 안다. | |
| | 간 접 | 직사각형의 쓰임에 관심을 가진다. | |
| 선행학습 | 기하도형 서랍 | | |
| 언 어 | 직사각형, 정사각형, 평행사변형, 마름모, 사다리꼴, 정삼각형, 직각 삼각형, 이등변 삼각형. | | |
| 교 구 제 시 | | | |

| | |
|---|---|
| 활동과정<br>(상호작용) | • p26<상자 안에서 삼각형을 꺼내어 한 줄로 늘어놓기<br>• 삼각형 분류 - 같은 것끼리 따라 하게 한다.<br>• 4개의 직각 이등변 삼각형을 찾아라(노랑, 초록)<br>• 7개의 부등변 삼각형에서 지시하는 삼각형을 찾아라<br>• 정삼각형 2개를 찾아라(노랑_<br>• 둔각 부등변 삼각형을 찾아라(빨강)<br>• 건축가나 기술자가 무엇을 만들 듯이 만들어 보자<br>• 직사각형 상자 2에 있는 삼각형으로 만들 수 있는 도형들<br>  - 한 쌍의 직각 이등변 삼각형(초록) - 정사각형<br>  - 한 쌍의 직각 부등변 삼각형(회색) - 직사각형<br>  - 한 쌍의 각 이등변 삼각형(노랑) - 평행사변형<br>  - 한 쌍의 직각 부등변 삼각형(노랑) - 평행사변형<br>  - 한 쌍의 직각 부등변 삼각형(초록) - 평행사변형<br>  - 한 쌍의 정삼각형(노랑) - 마름모<br>  - 한 개의 직각 부등변 삼각형(빨강) - 사다리꼴<br>  - 한 개의 둔각 부등변 삼각형(빨강)<br>마름모      평행사변형      사다리꼴<br><br>① 분류하면서 시작한다.(검정 선을 중심으로 제시)<br>② 4개의 직각 이등변 삼각형 찾기<br>③ 7개의 직각부등변 삼각형 찾기<br>④ 정삼각형 2개 찾기<br>⑤ 둔각부등변 삼각형 찾기<br>⑥ 다양한 모양 만들기 : 삼각형 2개가 모이면 여러 종류의 사변형을 만들 수 있다. |
| 흥 미 점 | 같은 모양의 삼각형이 합쳐졌을 때 사각형이 되는 것. |
| 실 수 정 정 | 검은 선끼리 맞대지 못할 때. |

| | | |
|---|---|---|
| 변형확대<br>및<br>응 용 | 삼각형을 이용하여 만들 수 있는 여러 가지 도형을 자유롭게 만들어 보게 한다. | **지 도 상 의 유 의 점**<br>삼각형으로 여러 가지 도형을 만들 수 있음을 체험하게 한다.<br>**관찰 (아동평가)**<br>여러 가지 삼각형의 구성할 수 있는가? |

## 활동(10)

| 주 제 | 구성 삼각형 직사각형 상자Ⅱ | 대상연령 | 6세 이상 |
|---|---|---|---|
| 교 구 | 한 쌍의 직각 이등변 삼각형(초록), 한 쌍의 직각 부등변 삼각형(회색), 한쌍의 직각이등변 삼각형(노랑), 한 쌍의 직각 부등변 삼각형(노랑), 한 쌍의 직각 부등변 삼각형(초록), 한 쌍의 정삼각형(노랑), 한 개의 직각 부등변 삼각형(빨강), 한 개의 둔각 부등변 삼각형(빨강) | | |
| 목 표 | 직 접 | 삼각형으로 사각형을 만들 수 있다. | |
| | 간 접 | 사각형의 기하학적 원리에 관심을 높인다. | |
| 선행학습 | 직사각형 상자 | | |
| 언 어 | 정사각형, 정삼각형, 사다리꼴, 마름모 | | |
| 교구제시 | | | |

| | |
|---|---|
| 활 동 과 정<br>(상호작용) | 제시1)<br>• 아동을 초대하여 활동명을 소개한다.<br>• 깔판 위에 삼각형 상자를 올려놓고 상자의 제일 위에 있는 회색 정삼각형을 들어내어 깔판 왼쪽에 놓는다.<br>• 모양이 같은 삼각형끼리 늘어놓는다.<br>• 다른 삼각형들을 꺼내 놓고 같은 색깔, 모양, 크기에 따라 분류해 놓는다.<br>• 모양의 같은 삼각형끼리 검은 선을 맞대어 정삼각형을 만든다.<br>• 다른 삼각형들로 회색 삼각형과 같은 크기의 삼각형을 만들어 본다.<br>  - 1개의 회색 정삼각형　　　　　　　　- 정삼각형<br>  - 2개의 초록 직각 부등변삼각형　　　- 정삼각형<br>  - 3개의 노랑 둔각 이등변삼각형　　　- 정삼각형<br>  - 4개의 빨간 정삼각형　　　　　　　　- 정삼각형<br>• 이와 같이 만든 삼각형 위에 회색 정삼각형을 포개어 똑같음을 확인한다.<br>• 작업이 끝난 후 처음대로 상자에 넣을 때 같은 크기임을 다시 한번 확인한다.<br>• 회색 정삼각형이 상자의 맨 위에 놓인다.<br>• 교구를 정리하여 교구장의 제자리에 놓는다. |
| 흥 미 점 | 다른 모양의 삼각형이 합쳐졌을 때 정삼각형이 되는 것. |
| 실 수 정 정 | 여러 가지 삼각형이 서로 다름을 느끼지 못할 때. |

| | | |
|---|---|---|
| 변형확대<br>및<br>응　용 | 삼각형을 이용하여 만들 수 있는 여러 가지 도형을 자유롭게 만들어 본다. | 지 도 상 의 　유 의 점 |
| | | 만들어진 삼각형 위에 회색 정삼각형을 포개어 똑같은 정삼각형임을 확인한다. |
| | | 관찰 (아동평가) |
| | | 회색 정 삼각형이 합쳐졌을 때 큰 정삼각형이 구성됨을 이해하는가? |

## 활동(11)

| 주 제 | 직각 부등변 삼각형상자 | 대상연령 | 6세 이상 |
|---|---|---|---|
| 교 구 | 파란색 삼각형 상자 | | |
| 목 표 | **직접** 여러 종류의 삼각형의 구성 요소를 안다. <br> **간접** 직각 부등변 삼각형을 활용한다. | | |
| 선행학습 | 직사각형상자 Ⅱ | | |
| 언 어 | 소각(30°), 중간각(60°), 대각(90°) 연결 4각환, 6각환, 12각환 | | |
| 교구 제시 | 대각 연결 / 중간각 연결 / 소각 연결 | | |

| | |
|---|---|
| 활 동 과 정<br>(상 호 작 용) | • 이 상자에는 직각 부등변삼각형이 들어 있다.(파란색 삼각형)<br>• 이것은 3변의 길이가 다르며 직각이 있다.(부등변)<br>• 1각은 직각, 두각은 예각, 각의 이름, 정의, 각도를 이야기 해 주어야 된다.<br>제시1)<br>• 3종축의 각 - 제일 큰각 90° 중간각 60° 제일 작은각 30°<br>중간각을 이용하여 별을 만들자 (6개) ┐<br>큰각을 이용하여 별을 만들자(4개)  ├ 시계방향으로 미끄러져가게 한다.<br>작은각을 연결하여 별을 만들자(12개) ┘<br>제시2)<br>• 원의 각도는 360°(whole angle)이다.<br>• 12각형을 제시할 때는 처음부터 새롭게 만들지 말고 12개의 별을 이용하여 만든다.(삼각형의 벽을 평평하게)<br>• 중간각을 중앙에 모으기 - 안에 생기는 면도 6각형임을 주지시킬것.<br>• 대각을 모으기 - 뒤집어서 하지 말것. |
| 흥 미 점 | 같은 모양의 삼각형이 합쳐졌을 때 사각형이 되는 것. |
| 실 수 정 정 | 정사각형을 제대로 구성하지 못할 때. |
| 변 형 확 대<br>및<br>응    용 | 파란삼각형<br><br>×3   ×2   ×2   ×1<br>① 모양 본떠서 색칠하기, 오리기<br>② 명칭 익히기(적어보기)<br>③ 어떤 삼각형으로 어떤 도형을 만들 수 있는지 정리하기 | **지 도 상 의 유 의 점**<br>두 개의 삼각형을 맞대어 다른 모양을 만들 때 오른쪽의 삼각형이 시계방향으로 미끄러져 가는 데 유의한다.<br>**관 찰 (아 동 평 가)**<br>여러 가지 삼각형의 모양을 인지하고 있는가? |

## 활동(12)

| 주 제 | 삼각형 (큰 육각형 상자) | 대상연령 | 6세 이상 |
|---|---|---|---|
| 교 구 | 한 개의 큰 정삼각형(노랑), 3개의 둔각 이등변 삼각형(노랑), 2개의 둔각 이등변 삼각형(빨강), 3개의 둔각 이등변 삼각형(노랑), 2개의 둔각 이등변 삼각형(회색) | | |
| 목 표 | 직접 | 제시된 도형을 이용하여 6각형을 만들어 본다. | |
| | 간접 | 육각형에 대한 사고력을 증가시킨다. | |
| 선행학습 | 삼각형상자 | | |
| 언 어 | 선행학습에서 사용했던 언어들 | | |
| 교구제시 | | | |

| 활동과정<br>(상호작용) | • 아동을 초대하여 활동 명을 소개한다.<br>제시1)뚜껑을 열어 상자 밑에 놓고 삼각형들을 모두 꺼내어 깔판위에 놓기<br>• 깔판 오른쪽에 육각형 상자를 놓는다.<br>• 같은 모양, 색, 크기의 삼각형으로 분류한다.<br>• 검은 선을 맞대고 덧그리면서 육각형, 마름모, 정삼각형, 평행사변형을 만든다.<br>  - 1개의 큰 정삼각형(노랑)　　　　- 육각형<br>  - 3개의 둔각 이등변 삼각형(노랑)　- 육각형<br>  - 2개의 둔각 이등변 삼각형(빨강)　- 마름모<br>  - 3개의 둔각 이등변 삼각형(노랑)　- 정삼각형<br>  - 2개의 둔각 이등변 삼각형(회색)　- 평행사변형<br>• 다시 흩어놓고 아이에게 기회를 준다.<br>• 각각의 도형을 만들 때마다 명칭을 묻는다.<br>제시2)명칭카드와 만들어진 도형을 짝지어 보이고 작업하게 한다.<br>• 교구를 정리하여 교구장의 제자리에 놓는다. |
|---|---|
| 흥미점 | 작은 삼각형, 육각형, 마름모, 정삼각형, 평행사변형이 되는 것. |
| 실수정정 | 육각형의 특징을 찾지 못할 때 |

| 변형확대<br>및<br>응용 | • 아동에게 자유롭게 삼각형을 붙여 보아서, 마름모, 정삼각형, 육각형, 평행사변형을 만들어본다. | 지도상의 유의점 |
|---|---|---|
| | | 아동들이 만들어진 도형의 이름을 잘 모를 경우 기하도형 서랍과 기하도형카드를 이용해 복습한 후 다시 제시하도록 한다. |
| | | 관찰 (아동평가) |
| | | 제시된 도형으로 정사각형을 구성할 수 있는가? |

## 활동(13)

| 주 제 | 작은 육각형 상자 | 대상연령 | 6세이상 |
|---|---|---|---|
| 교 구 | 한 개의 정삼각형(노랑), 6개의 정삼각형(회색), 6개의 둔각 이등변 삼각형(빨강), 2개의 정삼각형(빨강), 3개의 정삼각형(초록) | | |
| 목 표 | 직 접 | 제시된 삼각형을 이용하여 육각형과의 등분 관계를 안다. | |
| | 간 접 | 작은육각형에 대한 응용력을 기른다. | |
| 선행학습 | 큰 육각형 상자 | | |
| 언 어 | 선행학습에서 사용했던 언어들 | | |
| 교구 제시 | | | |

| | |
|---|---|
| 활 동 과 정<br>(상 호 작 용) | • 아동을 초대하여 활동 명을 소개한다.<br>제시1)도형상자의 뚜껑을 열어 상자 밑에 놓고 삼각형들을 모두 꺼내어 깔판 위에 놓는다.<br>• 깔판 오른쪽에 작은 육각형 상자를 놓는다.<br>• 같은 모양, 색, 크기의 삼각형으로 분류한다.<br>• 검은 선을 맞대고 정삼각형, 육각형, 마름모, 사다리꼴을 만든다.<br>제시2)다시 흩어놓고 아이에게 기회를 준다.<br>  - 1개의 정삼각형(노랑),<br>  - 6개의 정삼각형(회색) -육각형,<br>  - 6개의 둔각 이등변 삼각형(빨강)-3개의 마름모,<br>  - 2개의 정삼각형(빨강)- 마름모,<br>  - 3개의 정삼각형(초록)- 사다리꼴<br>제시3)명칭카드와 만들어진 도형을 짝짓는다.<br>• 교구를 정리하여 교구장의 제자리에 놓는다. |
| 흥 미 점 | 색색의 삼각형으로 여러 가지 도형을 구성해 보는 것. |
| 실 수 정 정 | 여러 가지 도형이 서로 다름을 발견하지 못할 때. |

| | | |
|---|---|---|
| 변 형 확 대<br>및<br>응 용 | 제시된 도형을 이용하여 여러 가지 도형을 자유롭게 만들어 본다. | **지 도 상 의 유 의 점** |
| | | 삼각형을 붙여 만들어진 각각의 도형이 육각형의 몇 분의 몇인지 육각형과 겹쳐 보아 알도록 한다. |
| | | **관 찰 (아동평가)** |
| | | 육각삼각형의 등분관계를 이해하는가? |

# 4. 기하막대
## 활동(14)

| 주 제 | 기본제시 | | 대상연령 | 6세 이상 |
|---|---|---|---|---|
| 교 구 | 기하막대(2cm부터 시작하여 20cm까지 2cm 간격으로 10종류가 있음), 무색의 지지 막대, 압정(빨강, 노랑, 파랑, 흰색), 할핀, 직각을 재는 각도기, 코르크 판, 추선(실+추), 종이인형, 2개의 반원 ||||
| 목 표 | 직 접 | 선, 각, 도형을 익힌다. |||
|  | 간 접 | 기하막대를 이용한 응용력을 기른다. |||
| 선행학습 | 구성삼각형 상자 ||||
| 언 어 | 기하 막대, 지지막대, 추선, 각도기 ||||
| 교 구 제 시 | <br><기하막대 상자><br>2cm부터 시작하여 20cm 까지 2cm 간격으로 10종류가 색깔별로 배열되어 있다. 길이를 잴 때는 한 구멍의 중앙에서 다른 구멍의 중앙까지의 길이를 잰다. 삼각형의 중요한 형태임을 다시 한 번 지도할 수 있는 기회이다. 무색막대는 도형을 지지하는 막대로 사용한다. ||||

| | |
|---|---|
| 활 동 과 정<br>(상 호 작 용) | 제시1) 기하막대의 구성<br>  - 2~20cm의 색 막대의 색깔을 살펴본다.<br>  - 압정(빨강, 노랑, 파랑, 흰색) - 짧다<br>  - 할 핀.<br>  - 금색 압정 : 2개의 막대를 고정시킬 때 사용한다.<br>  - 추선 : 실에 무게가 있는 것으로 대체 가능하다.<br>  - 직각을 재는 각도기.<br>  - 종이인형(얼굴 표정 - 기쁨, 보통, 슬픔)<br>  - 2개의 반원으로 하나의 원을 만드는 교구<br>  - 콜크판<br>• 제시2)<br>• 기하막대는 막대의 한 쪽에서 다른 한 쪽을 재는 것이 아니라, 구멍과 구멍의 중앙을 재는 것임.<br>• 여러가지 막대로 원하는 도형을 구성해보기. |
| 흥 미 점 | 기하막대를 통해 여러 종류의 도형을 만들어 보는 것. |
| 실 수 정 정 | 작업후 지하막대 상자를 제 위치에 놓지 못할 때. |

| | | |
|---|---|---|
| 변 형 확 대<br>및<br>응 용 | 기하막대를 이용하여 만들고 싶은 도형을 만들어 보게 한다. | **지 도 상 의 유 의 점**<br>기하막대로 만든 여러 종류의 도형 중 삼각형이 가장 기초가 되는 중요한 도형임을 알게 한다. |
| | | **관찰 (아동평가)**<br>기하막대를 이용해 여러 종류의 도형을 만들 수 있는가? |

## 활동(15)

| 주 제 | 명명카드 | 대상연령 | 6세 이상 |
|---|---|---|---|
| 교 구 | 도형의 명명카드 | | |
| 목 표 | 직접 | 입체도형의 점, 선 면의 명칭을 익힌다. | |
| | 간접 | 기하도형의 명칭을 익힐 수 있다. | |
| 선행학습 | 기하막대 1 (기본제시) | | |
| 언 어 | 명명카드, 선행학습의 언어들 | | |
| 교구제시 | 직육면체-면-선-점의 순서로 제시한다. 수영역의 '십진법 제시 쟁반'을 이용하여 입체, 면, 선, 점을 지도한다. | | |

| | |
|---|---|
| 활동과정<br>(상호작용) | 제시1)<br>　기하입체에서 **정육면체**를 준비하여 제시한다.("이것을 입체라고 한다.")<br>• **입체**는 면에 의해 제한됨을 말해준다.<br>• **정사각형 모양**의 종이를 준비하여 제시한다.("이것은 면이다. 여러 개의 면이 모여 입체를 만든다.")<br>• **면**은 여러 개의 선으로 구성됨을 말해주고 종이에 선을 긋는다.<br>　-"이것은 선이다. 선은 여러 개의 점이 모여 이루어져있다."<br>• 점을 찍는다.<br>• **점**은 길이, 높이, 면적이 없고 연필로 찍은 점이라도 사실은 너무 크므로 기하는 점으로 시작하는 것 보다 선에서부터 시작한다는 것을 은연중에 알 수 있도록 점과 선을 그려가며 말해 준다.<br>제시2)아동에게 기하명칭카드를 가져오게 하여 깔판에 늘어놓는다.<br>• 정의카드를 놓고 정의 카드 위에 명칭카드를 놓고 정의카드 아래에는 그림카드를 놓는다.<br>• 그림을 그리고 명칭과 정의를 쓰게 한다.<br>　(오류 정정용으로 벽 챠트나 소책자를 이용한다.) |
| 흥 미 점 | 점, 선, 면, 입체로 확대되는 과정. |
| 실 수 정 정 | 점, 선, 면의 특징을 설명하지 못할 때. |

| | | |
|---|---|---|
| 변형 확대<br>및<br>응 용 | 기하막대로 만들고 싶은 도형을 만든 후 명명카드와 짝지어 보게 한다. | **지 도 상 의　유 의 점** |
| | | 금 비즈를 '십진법 제시 쟁반에서 이용하여 점, 선, 면, 입체를 제시해도 된다. |
| | | **관찰 (아동평가)** |
| | | 기하는 선에서 시작함을 알고 있는가? |

# Ⅱ. 선의학습
## 1. 점, 선, 면
### 활동(16)

| 주 제 | 점, 선, 면, 입체 | 대상연령 | 6~9세 |
|---|---|---|---|
| 교 구 | 기하입체도형, 세부분카드, 황금구슬로도 대체가능 | | |
| 목 표 | **직접** 기하입체, 표면, 선, 점에 대한 개념을 알 수 있다.<br>**간접** 입체에는 평면, 곡선, 평면과 곡선으로 구성되어 있음을 알 수 있다. | | |
| 선행학습 | 정육면체의 정의<br>공간의 의미, 입체의 의미에 대한 학습 | | |
| 언 어 | 점, 선, 면, 입체, 공간 | | |
| 교구제시 | A1 점 / A2 선 / A3 면 | | |

| | |
|---|---|
| 활동과정<br>(상호작용) | • 점 · 선 · 면<br>점 · 선 · 면의 구성요소에는 점(point or spot), 선(line), 면(plane), 색채(color), 형(shape or form), 방향(direction), 명함(value), 크기(size), 공간(space), 동세(movement)등의 사각요소와 개념요소가 있다.<br><br>제시1)점(point, spot)-마음대로 점을 찍어본다. (점에대한 이야기를 한다.)<br>    점이란 크기는 없고 위치를 표시한다. 그러나 시각적으로 점의 존재를 표현하기 위해서 어  느 정도의 크기를 가진 형태로서 표시한다. 지면의 크기와 점의 관계 적의 양, 위치 관계 등에 따라 느낌이 달라진다.<br>• 근접, 유동, 연속의 요인에 따라 결합하기 쉽게 된다.<br>  거리근접의 정돈→같은 밝기 혹은 같은 색끼리의 정돈→작은 점, 큰 점끼리의 정돈→연속의 정돈<br><br>거리근접의정돈   동질의밝기.색끼리의정돈   작은점,큰점끼리의정돈   연속의정돈<br>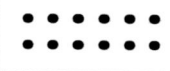 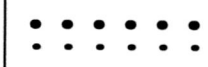 <br><br>• 공간에 한 점이 놓이면 그 점으로 시선이 집중된다.<br><br>• 공간에 2개 이상의 점을 가까이 놓으면 선이나 형의 효과가 생긴다.<br>• 많은 점을 근접시킴으로써 면을 느낀다.<br>• 점이 먼 거리에 놓여지면 힘은 분산되기 쉽다.<br>• 운동감이나 깊이의 효과를 느낀다.<br><br>제시2)선(line) - 여러가지 선을 그려본다.<br>  - 선은 폭과 넓이가 없다. 점의 이동에 따라 직선, 곡선이 생성한다.<br>  - 여러가지 선의 느낌을 알아본다.<br><br>(1)직선 - 직선을 그려보자<br>    일반적으로 직선에서 받는 심리적인 연상은 속도감, 긴장감, 직접성, 예리함, 명쾌, 간결 등의 느낌이다.<br>• 가는선:섬세, 예민, 미약한 속에서도 직선이 가진 팽팽한 긴장감이 있다.<br>• 굵은 선 : 호쾌, 중후, 반석과 같은 속에서도 직선이 가지고 있는 힘찬 긴장감이 있다.<br>• 긴 선 : 시간성, 지속성, 속도성을 가진 운동감을 표출한다.<br>• 짧은 선 : 자극성, 계속성, 약간 느린 운동감을 표출한다.<br>• 붓, 연필직선 : 개방적 요소가 강하고 태평적이다. |

| | |
|---|---|
| **활동과정**<br>**(상호작용)** | (2) 곡선<br>　일반적으로 곡선에서 받는 심리적인 연상은 유연, 풍요, 우아, 간접적, 경쾌, 아동, 리드미칼, 온화 등의 감정이 나타난다. 또 곡선은 생리적, 심리적, 각도에서 보아 여성적 요소가 강하다.<br>　• 기하곡선 : 현대성의 예리한 합리적인 리듬을 표출한다.<br>　• 자유곡선 : 변화가 있고 유연성이 있는 리듬을 표출한다.<br>(3) 선의 각도에서 받는 인상<br><br>**제시3) 면(plane, surface)**<br>　- 여러 가지 면을 살펴본다.<br>평면구성에는 점(point), 선(line), aus(plane,surface), 색채(color), 형(shape or form), 방향(direction), 명함(value), 크기(size), 재질감(texture), 긴장(spannung), 공간(shape), 동세(movement) 등의 요소가 있다.<br>·크고 작은 사각형을 균형이 있게 배열한다.　·수직, 수평 면 사이를 같은 쪽으로 구성한다.<br><br>·크고 작은 사각형과 삼각형을 균형이 있게 배열한다.　·크고 작은 삼각형을 균형이 있게 배열한다. |
| **흥 미 점** | 점, 선, 면, 입체의 특징을 볼 때 |
| **실수정정** | 점, 선, 면을 구분하지 못할 때. |

| | | |
|---|---|---|
| **변형 확대**<br>**및**<br>**응　　용** | • 입체도형끼리 합쳐서 다른 도형 만들어 보기.<br><br>• 구와 정육면체를 합쳐 본다. | **지 도 상 의　유 의 점** |
| | | • 입체로 접근한 다음 →면→선→점으로 처음엔 면으로 접근해야 한다.(지도대상 난이도 고려) |
| | | **관 찰 (아 동 평 가)** |
| | | 점, 선, 면, 입체를 구별할 수 있는가? |

## 2. 선의 종류, 3. 선의 부분들
### 활동(17)

| 주 제 | 선의 종류(직선, 곡선), 선의 부분들(반직선, 선분, 원점, 끝점) | 대상연령 | 6세 이상 |
|---|---|---|---|
| 교 구 | 빨강리본 이나 털실, 리본 테이프, 코르크 판, 압정, | | |
| 목 표 | 직접 | 선의 부분과 직선과 곡선의 차이점을 알 수 있다. | |
| | 간접 | 직선과 곡선의 활용능력을 기른다. | |
| 선행학습 | 기하 막대 소개학습을 끝낸 어린이 | | |
| 언 어 | 직선, 곡선, 원점, 끝점, 반직선. | | |
| 교구제시 | <직선과 곡선의 차이점><br><선의 부분들><br><명칭카드와 정의 카드> | | |

| | |
|---|---|
| 활 동 과 정<br>(상호작용) | 제시1) 선과 곡선의 차이점<br>  - 빨강리본을 잘라서 코르크판에 붙이고 이것을 선이라고 한다. 선은 넓이가 없다.<br>  - 직선은 양쪽으로 반듯하게 무한히 이어지는 여러 점들의 결합체이다.<br>  - 빨강리본을 구부러지게 코르크판에 붙인다. 이것을 곡선이라고 한단다.<br>  - "곡선의 점들은 방향을 달리 한다. 점들이 방향을 바꾼 것을 곡선이라 한다."고 말하며 명칭을 써서 곡선 옆에 제시하기.<br>  - 세 부분 카드 제시하기.<br>  - 아동에게 해 볼 수 있는 기회를 준다.<br>제시2)<br>• 선의 부분들 - (반직선, 선분, 원점, 끝점)<br>  - 리본을 3개 잘라 그중 하나는 한쪽만 매듭을 지을 것, 이것을 반직선이라고 한다.(끝점이 있고 한쪽 방향으로 연결된다.)<br>  - 끝점이 두 개 있는 직선을 선분이라고 한다.(리본의 양끝을 매듭짓는다) 즉 끝두점이 있다.<br>  - 선이 시작되는 점을 원점이다.<br>제시3) 3단계 학습법에 의하여 선의 부분들을 학습한다.<br>  - 세 부분 카드로 선의 부분 공부하기<br>  - 기하도형 카드로 그림을 그리고 명칭과 정의 쓰기 ( 스스로 공부하기)<br>  - 기하막대 상자 안에 정리하여 넣고 교구장의 제자리에 놓는다. |
| 흥 미 점 | • 털실이나 리본을 이용하여 선을 만들어 보는 것.<br>• 선의 부분 명칭들. |
| 실 수 정 정 | 원점(시작점), 끝점을 구별하지 못할 때. |

| | | |
|---|---|---|
| 변 형 확 대<br>및<br>응 용 | 선을 직접 그려보고 선의명칭 및 부분 명칭 쓰기. | **지 도 상 의 유 의 점** |
| | | 곡선을 만들 때는 리본보다 털실이 더 좋다.<br>선의 부분을 공부할 때에는 흰 종이에 여러 번 그려보게 하여 명칭에 익숙해지게 한다. |
| | | **관찰 (아동평가)** |
| | | 선의부분, 직선과 곡선의 차이점을 아는가? |

## 4. 선의 위치
### 활동(18)

| 주 제 | 수평선, 수직선, 사선 | 대상연령 | 6세 이상 |
|---|---|---|---|
| 교 구 | 코르크 판, 흰 종이, 추가 달린 실, 샤알레, 파란 물감을 푼 물, 이쑤시개 | | |
| 목 표 | 직접 | 수직선과 수평선에 대하여 안다. | |
|  | 간접 | 선의 종류를 알고 그 특성을 생활에 활용할 수 있다. | |
| 선행학습 | 선의 부분에 대한 공부 | | |
| 언 어 | 사선, 수직선, 수평선, 추, 코르크 판 | | |
| 교구제시 |  | <수직선과 수평선><br><br>추가 달린 실을 위에서 아래로 늘어 뜨려 수직선을 설명하고 샤알레에 파란색 물감을 푼 위에 이쑤시개를 잘 띄워서 수평선을 지도한다. 선은 그 위치에 따라 수직선과 수평선이 될 수 있음을 알게 한다. | |

| | |
|---|---|
| 활동과정<br>(상호작용) | • 이 시간에는 선의 위치에 대해 공부해 보자.<br>• 선에 대해 공부했던 기억이 나니?<br>제시1) 실 끝에 추를 달아 코르크판에 매달아 선이 위에서 아래로 똑바로 내려 온 것을 수직선이라고 일러준다.<br>• 파란 물이 든 샬레에 이쑤시개를 띄우고 바다와 선은 평평하게 만난다는 것을 상기시킨 후 이런 선을 수평선이라고 일러준다.<br>• 선은 위치에 따라 수직선, 수평선, 사선이 될 수도 있으며 우리가 보는 시각에 따라 수직선과 수평선이 바뀌어 보일 수도 있다.<br>• 코르크 판 위에 기하 막대를 놓고 여러 방향에서 볼 때 선의 종류가 달라짐을 살펴본다.<br>• 코르크 판 위에 흰 종이를 대고 자를 이용해 여러 종류의 선을 그어보게 한다.<br>• 세 부분 카드 제시<br>(카드를 이용하여 서로 짝지어 본 후 명칭을 써 본다)<br>• 코르크판과 기하막대상자, 샤알레 등을 교구장의 제자리에 정리한다. |
| 흥미점 | • 추가 달린 실을 늘어뜨려 보는 것 각형이 되는 것(수평선 만들기)<br>• 파란 물위에 이쑤시개를 띄워 보는 것 |
| 실수정정 | 기하막대로 수평선과 수직선을 구성하지 못할 때. |

| | | |
|---|---|---|
| 변형확대<br>및<br>응용 | • 카드를 짝짓게 한 후 공책에 적어 보기.<br>• 테스트 카드를 이용하여 선의 위치에 따른 명칭을 써보기. | **지도상의 유의점**<br><br>지구상에서 추가 달린 실을 아래로 늘어뜨리면 언제나 곧은 선(수직선)이 됨을 상기시킨다.<br><br>**관찰 (아동평가)**<br><br>수직선과 수평선에 대하여 이해하는가? |

# 5. 두선 사이의 관계
### 활동(19)

| 주 제 | 평행선, 수렴선, 발산선, 교선, 꼬인 위치의 직선, 수선, 수직이등분선 | 대상연령 | 6세 이상 |
|---|---|---|---|
| 교 구 | 기하막대상자, 흰종이, 코르크 판, 인형3쌍(슬픈표정, 무덤덤한 표정, 행복한 표정 각 1쌍) | | |
| 목 표 | 직 접 | 평행선, 발산선, 수렴선, 교선, 수직 2등분선, 횡단선 등을 이해한다. | |
| | 간 접 | 선과 선 사이에서 이루어지는 이치를 익히고 활용한다. | |
| 선행학습 | 선의학습 (선의 위치) | | |
| 언 어 | 직접 목적에 사용한 언어들<br>평행선, 수렴선, 발산선. 교선, 꼬인 위치의 직선, 수선, 수직이등분선 | | |
| 교구제시 | 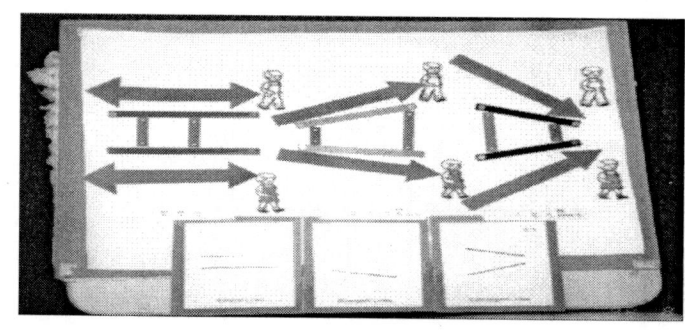<br>< 평행선, 발산선, 수렴선 ><br><br>< 교선, 직선, 수선 > | | |

| | |
|---|---|
| 활 동 과 정<br>(상호작용) | - 기하 막대 2개로 여러 가지 선을 만들어 코르크판에 고정시킨다.<br>• 제시1) 선<br>① **평행선** : 아무리 계속되어도 서로 만나지 않는 수선<br>② **발산선** : 한 점에서 시작되었으나 갈수록 멀어지는 두 선<br>③ **수렴선** : 언젠가는 한 점에서 만나지는 두선<br>- 이 아이(인형)는 서로 슬프지도 행복하지도 않다. 왜냐하면 앞으로 계속 걸어가더라도 똑같은 거리이기 때문이다.<br>• 제시2) **수렴선**<br>- 또 다른 두 선의 관계를 공부해 보자. 기하 막대 두 개를 한 쪽이 점점 가까워지게 코르크 판 위에 고정시킨다.<br>- 두 직선에 행복한 표정의 아이를 놓으며 걷는 시늉을 한다. 이 아이들은 언젠가 만날 것을 알고 기뻐한다.<br>• 제시3) **발산선**<br>- 기하막대 두 개를 한쪽 끝이 점점 벌어지게 코르크 판 위에 고정시킨다.<br>- 두 직선 위에 슬픈 표정의 인형을 놓는다. 이 아이들은 과거에 한 점에서 같이 있었는데 점점 멀어지고 있다. 그러므로 슬픈 얼굴이다.<br>• 제시4) **교선**<br>- 기하 막대 두 개를 교차하여 코르크 판 위에 고정시킨다. 이렇게 서로 교차하는 선.<br>• 제시5) **꼬인 위치의 직선**<br>- 한 개의 직선이 평면상에 있고 또 다른 선이 수직으로 있다면 두 직선은 절대로 만날 수 없다.<br>• 제시6) **수선**<br>- 수직으로 두 선을 놓은 뒤 90도로 만났는지 각도기로 확인한다. 두 선이 수직으로 만나면 완전히 90도를 이룬다. 이러한 선을 수선이라 한다.<br>- 위와 같은 경우 수직으로 이등분할 때 이러한 선을 수직 이등분선이라 한다.<br>• 제시7) **횡단선**<br>- 기하 막대 두 개를 고정시킨 뒤 그 위에 위에서 아래로 가로지르는 사선을 겹쳐 고정시킴.<br>- 각각의 두선 사이의 관계 명칭과 정의를 세 부분 카드를 이용해 학습한다. |
| 흥 미 점 | • 기하막대를 두 선 사이의 관계에 의하여 코르크판에 고정시켜 보는 것.<br>• 세 가지 표정의 인형을 평행선, 수렴선, 발산선 등이 이용하는 것 |
| 실 수 정 정 | 여러 가지 선을 구성하지 못할 때. |

| | | |
|---|---|---|
| 변 형 확 대<br>및<br>응 용 | - 연구 활동.<br>흰 종이 위에 두 선 사이의 관계를 그려보고 명칭을 써 보는 것. | **지 도 상 의 유 의 점** |
| | | 기하막대로 여러 가지 선의 특성을 살려 구성하게 한다. |
| | | **관찰 (아동평가)** |
| | | 두 선 사이의 관계를 이해하고 있는가? |

## 6. 두 직선과 세 직선 사이의 관계
### 활동(20)

| 주 제 | 두 직선과 세 직선 사이의 관계 | 대상연령 | 6~9세 |
|---|---|---|---|
| 교 구 | 기하막대 상자, 빨강. 파랑. 매직, 세부분 카드 | | |
| 목 표 | 직접 두 직선과 세 직선 사이의 관계를 안다. <br> 간접 선으로 이루어지는 관계성을 이해한다. | | |
| 선행학습 | 두 사이의 관계 | | |
| 언 어 | 내부영역, 외부영역, 횡단선 | | |
| 교구제시 |  | | |

| | | |
|---|---|---|
| 활동과정<br>(상호작용) | 횡단선<br>내부영역<br>외부영역 | 제시)<br>• 기하막대로 제시<br>  - 선의 안 쪽을 칠해 보렴.<br>  - 색칠을 한 부분을 **내부영역**이라 한다.<br>  - 파랑색칠을 한 부분을 **외부영역**이라 한다.<br>  - 노란 선을 **횡단선**이라 한다.<br>  - 이선은 2개 이상의 직선과 **교차**한다.<br>• 이것을 무엇이라고 하지?<br>  - 외부영역을 가리켜 보겠니?<br>  - 내부영역.<br>  - 횡단선<br>• 명칭카드를 치우고<br>  - 외부영역을 가리켜 보겠니?<br>  - 내부영역을 가리켜 보겠니?<br>  - 횡단 선을 가리켜 보겠니?<br>• 그림을 그리고 명칭과 정의 카드를 만들어 본다. |
| 흥 미 점 | 내부 영역과 외부 영역에 칠해보는 것. | |
| 실 수 정 정 | 각선에 따라 특징을 알지 못할 때. | |
| 변형 확대<br>및<br>응 용 | 여러 개의 선상에서 내부 영역 및 외부영역 찾아보기. | **지 도 상 의 유 의 점**<br><br>횡단선이 2개 이상의 직선과 교차함을 알려준다.<br><br>**관찰 (아동평가)**<br><br>두 직선과 세직선 사이의 관계를 아는가? |

## III. 각의 연구
### 1. 각
#### 활동(21)

| 주 제 | 각의 부분, 두 각의 관계 | 대상연령 | 6~9세 |
|---|---|---|---|
| 교 구 | 기하 막대 상자, 빨간 부직포, 세부분카드, 컴퍼스, 각도기 | | |
| 목 표 | 직 접 | 각에 대한 명칭 과 두각 사이의 관계를 안다. | |
| | 간 접 | 각의 쓰임과 중요성을 안다. | |
| 선행학습 | 두 선 사이의 관계 | | |
| 언 어 | 각, 꼭지점, 각의크기, 각의 세부분카드 | | |
| 교구제시 | < 각의 부분 > | | |

- 52 -

| 활 동 과 정<br>(상호작용) | <p style="text-align:center">각(角- prism, angle))</p>꼭자점<br>각<br>변    변 | 제시1)<br>한점에서 갈라진 두 직선의 벌어진 크기<br>• 기하막대로 각을 제시(0A, 0B)<br> - 이것을 **각**이라 한다.<br> - 2개의 반직선이 만났을 때 생기는 모양이다.<br> - 반직선이 무엇이지?<br> - 이것은  를 공유하는 0A, 0B 이다<br>반직선이 각을 끼고 있는 것을 두**변**이라 한다.<br> - 두 직선이 만났을 때의 점이 **꼭지점**이다.<br> - 이것을 무엇이라 하니? (꼭지점)<br>제시2) 여각과 예각<br>   여각-두 개의 각의 화(和)가 직각일 때 그 한<br>       각의 다른 각에 대한 지칭<br>   예각- 직각보다 작은 각의 지칭<br><br>   • 3부분 카드로 활동한다. |
|---|---|---|

| 흥 미 점 | 여러 가지 각의 종류를 조작하며 배우는 것 |
|---|---|

| 실 수 정 정 | 꼭지 점을 정확하게 찾지 못할 때. |
|---|---|

| 변 형 확 대<br>및<br>응    용 | 보각-두각을 합하여 두 직각을 이룰 때의 한쪽각의 다른 쪽 각에 대한 일컬음 | 지 도 상 의 유 의 점 |
|---|---|---|
| | | 각의 크고 작음에 대하여 관심을 갖도록 한다. |
| | | 관찰 (아동평가) |
| | | 각에 대한 명칭 및 두각의 관계를 이해하는가?. |

## 2. 각의 종류
### 활동(22)

| 주 제 | 직각, 예각, 둔각<br>평각, 우각, 360° | | 대상연령 | 6~9세 |
|---|---|---|---|---|
| 교 구 | 기하막대상자, 각의 세부분카드(직각, 예각, 둔각, 평각, 우각, 360°) | | | |
| 목 표 | 직 접 | ・여러 가지 각의 생김새를 이해한다.<br>・직각, 예각, 둔각, 평각, 우각, 360°의 각을 인지한다. | | |
| | 간 접 | 각의 중요성과 각의 정밀성을 생활에 응용할 수 있다. | | |
| 선행학습 | 선의 학습 | | | |
| 언 어 | 직각, 예각, 둔각, 평각, 우각, 360°, 기하도형 서랍 | | | |
| 교 구 제 시 | < 직각, 예각, 둔각 >        < 원, 평각, 우각, 360° > | | | |

| | | |
|---|---|---|
| 활동과정<br>(상호작용) | • 제시1) 오른쪽 각의 종류에 대해 알아보자.<br>- 예각-평각의 절반보다 작은 각<br>- **직각**은 완전한 모퉁이를 형성하는 각이다.<br>- 예각과 직각 중에서 어느 각이 더 크지?<br>- 이것은 직각보다 크지?<br>- 이러한 것을 **둔각**이라 한다.<br><br>- 1단계- 이것은 직각이다.<br>- 2단계 - 둔각을 가리켜 보겠니?<br>- 3단계 - 이것이 무엇이지?<br>(아동의 수준에 따라 각을 먼저 학습하거나 기하도형 서랍을 먼저 학습해도 상관은 없다.).<br>-예각, 직각, 둔각의 순으로 챠트 만들기.<br><br>• 제시2)<br>• **평각, 우각, 360°**<br>- 지난 시간에 무엇을 배웠지?<br>(두 막대를 돌려가며 예각, 직각, 둔각을 만든 후 180°를 만든 후 멈춘다.)<br>- **평각**-각의 두 변의 정점의 양족에 있어서 직선을 이루는 각(180도)<br>- 이 각에는 직각이 2개 들어간다( 명칭 제시)<br>- **우각(열각)**- 막대를 계속 돌려가며 180도보다 작은 각임을 알려 준다<br>- 완전한 원을 만들었을 때를 360°라고 한다. (명칭제시) | |
| 흥미점 | 기하도형 서랍에서 각을 구성하는 것. | |
| 실수정정 | 예각과 둔각의 구분하지 못할 때. | |
| 변형확대<br>및<br>응용 | • 여러 가지 각의 명칭카드를 놓아 가며 각을 만들어보며 각의 명칭을 확실히 익힌다.<br><br>• 둔각 - 직각 등의 놀이하기. | **지도상의 유의점**<br><br>본 내용은 시간조절이 매우 필요하다.<br><br>**관찰 (아동평가)**<br><br>직각, 예각, 둔각을 평각, 예각, 360° 각을 나타낼 수 있는가? |

## 3. 두각의 관계
### 활동(23)

| 주 제 | 이웃각, 맞꼭지각<br>여각, 보각 | 대상연령 | 6세 이상 |
|---|---|---|---|
| 교 구 | 각의 세부분카드, 기하도형 상자 | | |
| 목 표 | 직 접 | 각의 명칭과 특성을 인지하고 구분할 수 있다. | |
| | 간 접 | 각의 중요성과 쓰임을 연구한다. | |
| 선행학습 | 각의 관계 | | |
| 언 어 | 평각, 우각, 360°각, 기하도형 서랍 | | |
| 교 구<br>제 시 | < 이웃각, 맞꼭지각 ><br><br>< 보각, 여각 > | | |

| 활동과정<br>(상호작용) | 제시1)<br>　• 두 막대로 각을 만들어 보게 한다.<br>　- 이 각을 **예각**이라고 한다.<br><br>　- 각 2개를 연속 붙여 놓으면 2개의 각이 성립된다.<br>　　이때 두각은 상호 **이웃각**이라 한다.<br>　- 이것은 반직선을 공유하게 된다.<br>　- 이 때 두 각을 이웃각이라 한다. 두 막대로 예각을 만들어 보아라<br>• 제시2)<br>• 구멍이 뚫린 막대를 사용하여 맞꼭지각을 만들어 제시 한다.<br>　- 이 각은 무슨 각입니까?<br>　- 여기에 각이 있다.<br>　- 이러한 각을 맞꼭지각이라 한다.<br>• 어떤 아이에게 ("제시해 보렴.")<br>• 이것을 무슨 각이라고 할까요? ( 여각 )<br>　- 예각은 2개의 각이 합쳐져서 직각을 만든다.<br>　- 이러한 각을 여각이라 한다.<br>• 여각이 꼭 이웃각 일 필요는 없다.<br>　- 합해서 직각만 되면 된다.<br>• 이 각은 2개가 합쳐져서 평각이 몇 도가 될까요?<br>　- 2개의 각이 합쳐져 180도를 이룰 때 **보각**이라 한다.<br>• 여러 가지 각을 만들어보고 공책에 그려본다. |
|---|---|
| 흥 미 점 | 각을 만들어 보는 것. |
| 실수정정 | 여각과 보각을 구분하지 못할 때. |

| 변형확대<br>및<br>응　용 | 다양한 각을 만들어 보기. | 지도상의 유의점 |
|---|---|---|
| | | 개인의 학습속도에 따라 각을 만들어 보게 한다. |
| | | 관 찰 (아 동 평 가) |
| | | 각을 인식하는가? |

## 4. 각의 관계
### 활동(24)

| 주 제 | 내각, 외각, 내 엇각, 외 엇각, 동위각 | 대상연령 | 6~9세 |
|---|---|---|---|
| 교 구 | 내각, 외각, 외 엇각, 동위각, 기하도형상자, 각의 세부분카드 | | |
| 목 표 | 직 접 | 다양한 각의 관계를 인지한다. | |
| | 간 접 | 각의 크고 작음에 관심을 갖고 응용력을 기른다. | |
| 선행학습 | 예각, 보각 학습 | | |
| 언 어 | 내각, 외각, 내 엇각, 외 엇각, 동위각 | | |
| 교 구 제 시 | < 내각, 외각 >　　< 내각의 엇각, 외각의 엇각 ><br><br>< 동위각 > | | |

| | | |
|---|---|---|
| 활동과정<br>(상호작용) | • 내각, 외각, 내 엇각, 외 엇각, 동위각 소개<br>• 1시간 분량으로는 많으니 둘로 나누어 작업한다.<br>• 내부·외부영역, 횡단 선에 대해 학습한 내용의 상기.<br>• 제시1)<br>  - 오늘은 특별한 각을 알아보자.<br>  - 내각이라 한다.(압정) - 내부에 있는 각<br>  - 이러한 각을 외각이라 한다. - 외부에 있는 각<br>• 제시2)<br>• 내부 영역안에 있지만 횡단 선을 중심으로 엇갈리는 각이 **내 엇각**이다.<br>• 외부 영역에서 엇갈리는 각을 **외 엇각**이라 한다.<br>• **동위각-두 직선에 한 직선이 교차되어 이룬 각 가운데 두 직선의 같은 쪽에 있는 각**<br>• **동위각**은 인접 각이 아니면서 같은 횡단선 상에 있다.<br>  - 4쌍의 동위각(하나는 내부에, 하나는 외부에)을 찾아본다. | |
| 흥 미 점 | 기하막대로 각을 만들어 보는 것. | |
| 실수정정 | 각의 부분명칭을 혼돈할 때. | |
| 변형확대<br>및<br>응 용 | 기하도형 상자로 각을 다양하게 만들고 각의 명칭을 카드로 놓아 본다. | **지도상의 유의점**<br><br>지도시간은 아동의 개인능력에 따라 가감한다.<br><br>**관 찰 (아 동 평 가 )**<br><br>각의 다양함과 그 명칭에 다름에 관심을 가지고 구성할 수 있는가? |

## 5. 각의 이등분선
### 활동(25)

| 주 제 | 각의 이등분 선 | 대상연령 | 6~9세 |
|---|---|---|---|
| 교 구 | 기하도형 상자, 컴퍼스, 각에 대한 세부분카드 | | |
| 목 표 | 직 접 | 각을 등분할고 그 각의 크기를 알 수 있다. | |
| | 간 접 | 각의 크기가 다양함을 안다. | |
| 선행학습 | 각의 관계 | | |
| 언 어 | 각의 이등분 | | |
| 교구제시 | 각의2등분 | 명칭카드 | 정의 카드 |

| 활동과정<br>(상호작용) | • 제시1)<br>• 각을 이등분하는 것을 알아보자.<br>  – 이것은 과학자들이 동물을 해부할 때 여러 부분으로 쪼갠다는 것을 의미한다.<br>• 각을 2개로 나누려고 한다. ( 컴퍼스를 아동에게 제시)<br>  – 이 각을 어떻게 2개로 나누는지 가르쳐 줄게 (교사가 제시)<br>  – 이등분하는 방법을 알면 그것이 맞는지 확인하기 위해 작은 종이에<br>  – 다시 그려보자 (교사가 오린다)<br>• 이등변인가를 증명키 위해 겹쳐 보아라.<br>• 여러 종류의 각을 이등분 해 본다.<br>• 컴퍼스를 사용하여 각을 나누어 본다.<br>• 컴퍼스의 중심과 움직이는 그려지는 쪽을 알아본다. | |
|---|---|---|
| 흥 미 점 | 컴퍼스를 사용하여 각을 둘로 나누는 것. | |
| 실수정정 | 각을 여러 가지로 등분하지 못할 때. | |
| 변형확대<br>및<br>응 용 | 여러 종류의 각을 그리고 2등분 또는 3등분 4등분해 보기. | **지도상의 유의점**<br><br>컴퍼스 끝이 뾰족하므로 주의할 것.<br><br>**관 찰 (아 동 평 가 )**<br><br>컴퍼스 사용이 올바른가? |

# IV. 평면도형의 연구
## 활동(26)

| 주 제 | 폐곡선 | 대상연령 | 6~9세 |
|---|---|---|---|
| 교 구 | 리본이나 줄 (긴 것, 짧은 것, 가위, 접착테이프) | | |
| 목 표 | 직 접 | 폐곡선의 특징을 인지한다. | |
| | 간 접 | 선의 종류가 다양함을 인지한다. | |
| 선행학습 | 여러 가지 도형 | | |
| 언 어 | 폐곡선, 다각형, 곡선도형, 원, 타원, 계란형 도형, 평면도형, 입체도형 | | |
| 교 구 제 시 | | | <폐곡선> |

| | |
|---|---|
| 활 동 과 정<br>(상호작용) | 제시1)<br>• 리본을 자른 후 폐곡선을 만들어 보고 리본의 주위를 덧그리기<br>• 폐곡선-한 곡선 상에서 한 점이 한 방향으로 움직여 출발점으로 되돌아오는 곡선<br>제시2)<br>• 용어 설명<br>  - 선 밖으로는 돌 수 있으나 안으로는 들어갈 수 없는 닫힌 도형이다.<br><br>  - 곡선으로 이루어진 도형과 직선으로 이루어진 도형이 있다.<br>  - 이때 원은 곡선으로 이루어진 폐곡선이고,<br>  - 삼각형은 폐곡선으로 구성된 다각형이다. |
| 흥 미 점 | 리본을 잘라 도형을 만들기. |
| 실 수 정 정 | 곡선과 직선의 느낌을 인지하지 못할 때. |

| | | |
|---|---|---|
| 변 형 확 대<br>및<br>응    용 | 긴 줄과 짧은 줄로 다양하게 곡선을 만들어 본다. | **지도상의 유의점** |
| | | 리본으로 도형을 만들기 때문에 직선 도형을 만들기가 어려우므로 접착테이프를 준다. |
| | | **관찰 (아동평가)** |
| | | 폐곡선과 다각형을 바르게 만드는가? |

## 활동(27)

| 주 제 | 다 각 형 | 대상연령 | 6~9세 |
|---|---|---|---|

| 교 구 | 기하막대상자, 기하도형서랍 |
|---|---|

| 목 표 | 직접 | 여러 가지 다각형을 만들 수 있다. |
|---|---|---|
| | 간접 | 도형의 다양함을 알고 생활에 응용력을 기른다. |

| 선행학습 | 폐곡선 |
|---|---|

| 언 어 | 삼각형, 사각형………십각형 |
|---|---|

| 교구제시 | 정삼각형 | 직사각형 | 오각형 | 육각형 |
| | 칠각형 | 팔각형 | 구각형 | 십각형 |

| 활동과정<br>(상호작용) | 제시1)<br>• 기하막대를 아동에게 제시하면서 삼각형을 만들어 보기<br>  – 삼각형부터 10각형까지 만들어 본다.<br>    만약 도형의 이름을 모르면 면이 5개인 도형이라고 표현해도 된다.<br>  – 무엇을 만들었니?<br>  – 아동이 대답을 하면 명칭카드를 제시한다.<br>  – 다각형 서랍을 가지고 오너라.<br>  – 기하도형 서랍에도 이러한 도형들이 있단다.<br>  – 아동은 자기가 만든 도형을 기하도형 서랍에서 찾아온다.<br>  – 1학년 도형틀을 그리고 명칭 적기<br>  – 3학년 명칭과 더불어 도형의 특징 적기<br>  – 저학년부터 자기 자리로 들어간다.<br>  – 명칭을 쓰게 할 때는 빈 카드도 같이 준다.<br>  – 삼각형, 사각형 .........<br>  – 명칭카드를 제시한 후, 기하도형 서랍 상자에서 같은 모양 찾아보기.<br>• 3단계 학습에 의하여 각 명칭들을 공부한다. |
|---|---|
| 흥 미 점 | 똑 같은 도형 찾기 |
| 실 수 정 정 | 똑 같은 도형을 찾아내지 못할 때 |

| 변형확대<br>및<br>응 용 | • 도형들을 그리고 명칭 적기<br><br>• 명칭과 더불어 도형의 특징 적기 | 지 도 상 의  유 의 점 |
|---|---|---|
| | | 두 개 학년 이상 수업할 때는 개별과제를 준다. |
| | | 관찰 (아동평가) |
| | | 다각형을 바르게 만드는가? |

활동(28)

| 주 제 | 곡선도형 | 대상연령 | 6~9세 |
|---|---|---|---|
| 교 구 | 기하도형 서랍(곡선도형), 실이나 가는 줄 | | |
| 목 표 | 직 접 | 곡선 도형을 알 수 있다. | |
| | 간 접 | 곡선으로 이루어진 도형의 기능을 안다. | |
| 선행학습 | 다각형 | | |
| 언 어 | 단순 폐곡선, 타원, 계란형 타원체 | | |
| 교 구 제 시 | 원 | 타 원 | 계란형의 타원 |
| | 정의카드 | 정의카드 | 정의카드 |

| | |
|---|---|
| 활 동 과 정<br>(상호작용) | • 제시)<br>- 원모양을 손가락으로 덧그려 본다.<br>- 원은 단순 폐곡선이다.<br>- 원 둘레의 모든 점은 중심과 거리가 같다.<br>- 원을 집어서 모형틀에 알맞게 넣어 보아라.<br>- 혼자 또는 친구와 같이 하던지 교사가 작업을 해 보인다.<br>- 계란형 타원체를 누가 갖고 있니?<br>- 어느 도형이 남아있니?<br>- 소그룹이 대 그룹에게 발표하는 시간을 갖는다.<br>- 타원이나 계란형 타원체도 단순폐곡선이다. |
| 흥 미 점 | 원, 타원, 계란형의 모양이 서로 다름을 볼 때 |
| 실 수 정 정 | 곡선명칭을 인지하지 못할 때. |

| | | 지 도 상 의 유 의 점 |
|---|---|---|
| 변 형 확 대<br>및<br>응 용 | - 여러 가지 곡선 도형을 만들어 본다.<br>-여러 가지 생활 비품 중에서 곡선도형으로 이루어진 것을 찾아보고 곡선도형의 특징과 미적 느낌을 말해본다. | 곡선 도형의 특징을 정확히 알게 한다. |
| | | 관찰 (아동평가) |
| | | 곡선도형을 바르게 이해하는가? |

# Ⅴ. 삼각형의 연구
## 1. 삼각형의 각 부분들
### 활동(29)

| 주 제 | 여러 가지 모양의 삼각형 | 대상연령 | 6~9세 |
|---|---|---|---|
| 교 구 | 기하도형 서랍 중 삼각형 서랍, 세 부분 카드, 기하막대 상자 , 러그 | | |
| 목 표 | 직 접 | 여러 가지 모양의 삼각형의 특징을 이해한다. | |
| | 간 접 | 기하학의 준비 . | |
| 선행학습 | 변에 따른 삼각형의 이름, 각에 따른 삼각형의 이름 | | |
| 언 어 | 정삼각형, 예각 이등변삼각형, 예각 부등변삼각형, 직각이등변삼각형, 직각 부등변삼각형, 둔각 이등변삼각형, 둔각 부등변삼각형 | | |
| 교구제시 | <7종류의 삼각형> | | |

| | |
|---|---|
| 활동과정<br>(상호작용) | • 제시1) 삼각형의 종류<br>　- 지난 시간에는 여러 가지 선에 대한 공부를 했었지?<br>　- 기하도형 서랍에서 삼각형 서랍을 가져와 보겠니?<br>　- 기하막대상자를 가져와서 여러 가지 삼각형을 만들어보자.<br>　- 세변의 길이가 모두 같은 삼각형의 이름을 기억하니?<br>　- 이것은 두변의 길이가 같구나(이등변삼각형)<br>　- 면의 길이가 모두 다른 삼각형도 있구나.<br>　- 지금부터 면을 중심으로 해서 공부해보자.<br><br>• 제시2)<br>　- 기하도형 서랍에서 삼각형 서랍을 가져오게 한다.<br>　- 이것은 정삼각형이다. 명칭카드와 짝짓기<br>　- 이것은 예각 부등변삼각형이다. 명칭카드와 짝짓기<br>　- 직각이면서 두 개의 변이 같은 삼각형을 찾아보자. 이것을 직각이등변삼각형이라 한다. 명칭카드와 짝짓기<br>　- 위와 같은 방법으로 7종류의 삼각형을 모두 공부한다.<br>　- 3부분 카드를 이용하여 3단계 학습을 한다. |
| 흥미점 | 변과 각에 따라 7종류의 삼각형의 이름이 각각 다른 점. |
| 실수정정 | 변을 보고 삼각형의 이름을 알지 못할 때. |

| | | |
|---|---|---|
| 변형확대<br>및<br>응용 | 삼각형의 변의 길이에 따라 각이나 삼각형의 모양이 달라짐을 말할 수 있다. | 지도상의 유의점 |
| | | 아동의 수준에 따라 학습의 양을 조절한다. |
| | | 관찰 (아동평가) |
| | | 변과 각에 의하여 삼각형의 이름이 달라짐을 이해하는가? |

## 활동(30)

| 주 제 | 삼각형의 변 | 대상연령 | 6~9세 |
|---|---|---|---|
| 교 구 | 기하막대 상자, 코르크판, 3부분 카드 | | |
| 목 표 | 직접 | 삼각형을 이루는 변의 관계를 이해한다. | |
| | 간접 | 삼각형의 변을 이루는 이치를 인지한다. | |
| 선행학습 | 삼각형의 각 부분 | | |
| 언 어 | 정삼각형, 이등변 삼각형, 부등변 삼각형 | | |
| 교구제시 | <삼각형의 변> | | |

| | | |
|---|---|---|
| 활 동 과 정<br>(상 호 작 용) | 높이　　빗변<br><br>└─┘<br>직각삼각형 | • 삼각형의 변<br>• 제시1)<br>　- 그동안 삼각형에 대해 공부를 많이 했지?<br>　- 기하막대를 이용하여 삼각형을 만들어보자.<br>　- 아동들은 만들어 본다.<br>　- 세 변의 길이가 모두 같은 삼각형의 이름을<br>　　기억하니?<br>　　(정삼각형)<br>　- 삼각형의 특별한 특징을 알아보자.<br>　- 기하학적으로 설명할 것이 많다.<br>　- 이번에는 빗변과 높이의 부분을 알아보자.<br>　- 두 변과 마주보고 있는 변을 빗변이라고 한다.<br>　- 이것들이 직각삼각형의 부분이다.<br>　- 어떤 종류의 삼각형이지? 직각삼각형. |
| 흥 미 점 | 변의 길이에 따라 삼각형의 이름이 달라지는 것. | |
| 실 수 정 정 | 삼각형의 변에 따라 삼각형의 특징을 알지 못할 때. | |
| 변 형 확 대<br>및<br>응　　용 | 여러 가지 삼각형을 그리고 변에<br>따른 도형의 이름 알기. | 지 도 상 의　유 의 점 |
| | | 아동의 수준에 따라 학습 양<br>을 조절한다. |
| | | 관찰 (아동평가) |
| | | 변의 길이에 따라 삼각형의<br>이름이 달라짐을 이해하는가? |

## 활동(31)

| 주 제 | 삼각형의 각 | 대상연령 | 6~9세 |
|---|---|---|---|
| 교 구 | 기하막대 상자, 코르크판, 3부분 카드 | | |
| 목 표 | 직접 | 각의 크기에 따라 삼각형의 이름이 달라짐을 안다. | |
| | 간접 | 삼각형의 각을 다양하게 구성해 봄으로 사고력과 응용력을 기른다. | |
| 선행학습 | 각의 부분 | | |
| 언 어 | 직각삼각형, 예각삼각형, 둔각삼각형 | | |
| 교구제시 | 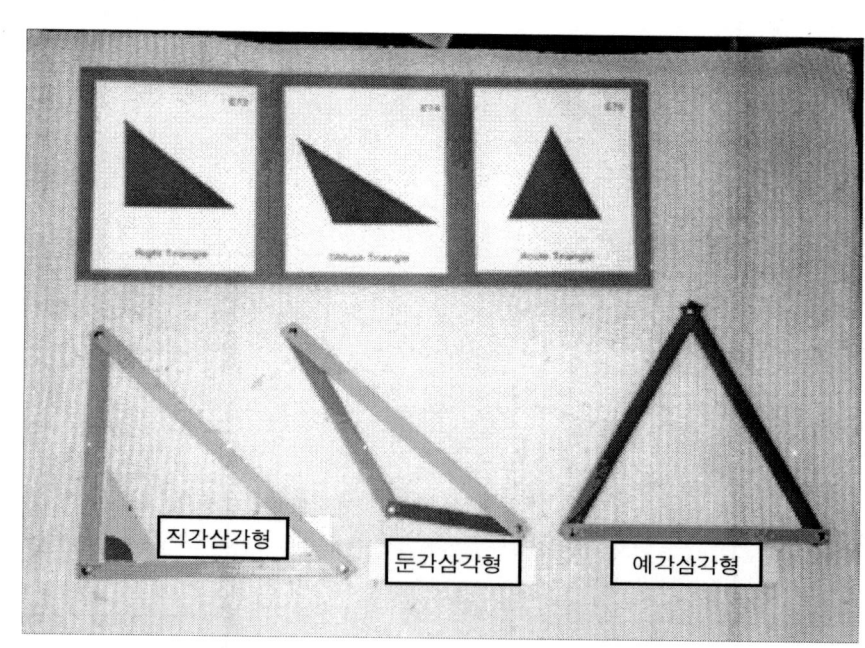<br><삼각형의 각 (직각, 둔각, 예각)> | | |

| 활동과정<br>(상호작용) | • 제시1)<br>• 지난 시간에는 변으로 삼각형을 분류했었지?<br>• 직각삼각형을 만들어 보겠니?<br>• 기하막대와 세 부분 카드를 준비한 후, 아동에게 기하막대로 직각삼각형을 만들어 보게 한다.<br>• 빗변에 해당한 막대를 찾아보겠니?(색이 없는 나무막대 사용)<br>• 어떤 삼각형을 만들었지?(이등변 삼각형의 모양을 보여준다.)<br>• 이등변 삼각형을 만들어보고 3개의 각이 예각임을 알아본다.<br>• 넓은 각을 지닌 부등변 삼각형을 만들어보게 한 후, 그중 가장 넓은 각이 둔각임을 알게 한다.<br>• 세 부분 카드를 이용한 3단계 학습을 한다. | |
|---|---|---|
| 흥 미 점 | 각의 크기에 따라 삼각형의 이름이 달라지는 것. | |
| 실 수 정 정 | 여러 가지 삼각형의 이름을 정확히 부르지 못할 때 | |
| 변형확대<br>및<br>응 용 | 여러 가지 삼각형을 그리고 각에 따른 도형의 이름 알기. | **지 도 상 의 유 의 점**<br><br>직각 삼각형을 만들 때 빗변의 길이는 색이 없는 막대를 사용하도록 한다.<br><br>**관찰 (아동평가)**<br><br>각에 따라 삼각형의 이름이 달라짐을 이해하는가? |

## 활동(32)

| 주 제 | 삼각형의 높이 | 대상연령 | 6~9세 |
|---|---|---|---|
| 교 구 | 3부분 카드, 추, 실, 기하도형서랍의 삼각형서랍 코르크판 | | |
| 목 표 | 직접 | 삼각형의 높이를 측정할 수 있다. | |
| | 간접 | 삼각형의 높이에 관심을 가지고 응용력을 기른다. | |
| 선행학습 | 삼각형의 각 부분 | | |
| 언 어 | 높이 이등분선 수직 이등분선 수심, 중심, 내심, 외심. | | |
| 교구제시 | <삼각형의 높이>　　<높이, 이등분선, 수직이등분선축><br><삼각형의 수심, 중심, 내심, 외심> | | |

| | |
|---|---|
| 활 동 과 정<br>(상호작용) | • 제시1)<br>• 삼각형의 높이에 대해서 공부해 보자.<br>　- 모든 삼각형은 하나 이상의 높이를 가지고 있다. 밑변을 달리 하여 높이를 찾아보고 높이가 세 개가 있음을 발견 해본다.<br>　- 꼭지 점에서 밑변의 중앙에 내려지는 선을 '중선'이라 한다.<br>　- 한 변에 수직으로 그은 선을 '축'이라 한다.<br>• 제시2)<br>• 둘째 시간에는 높이에 대한 공부를 더 자세히 한다.<br>　- 각각의 꼭지점에서 내려진 높이가 만나는 점을 '수심'이라고 한다. 종이에 삼각형을 그린 후 추가 달린 실을 늘어 뜨려 높이를 찾고 그리기.<br>• 위와 같은 방법으로 세 개의 꼭지점에서 실을 늘어 뜨려 높이를 세 개 찾아 그리기.<br>• 세 부분 카드로 학습하기.<br>• 중선이 만나는 점을 '무게 중심'이라 한다.<br>• 3개의 축이 만나는 점을 '외심'이라 한다.<br>• 3개의 각을 이등분한 선이 만나는 점을 '내심'이라 한다. |
| 흥 미 점 | 추가 달린 실을 늘어뜨려 높이를 찾아보는 것. |
| 실 수 정 정 | 축, 수심, 무게중심, 외심, 내심의 용어를 제대로 사용하지 못할 때 삼각형의 높이를 알아보는 방법이 틀릴 때. |

| | | |
|---|---|---|
| 변 형 확 대<br>및<br>응　용 | 여러 가지 삼각형에서 높이를 찾아보기. | **지 도 상 의 유 의 점** |
| | | 높이, 중선, 축, 무게중심, 외심, 내심 등의 명칭이 바르게 쓰이도록 한다. |
| | | **관찰 (아동평가)** |
| | | 삼각형의 높이에 대하여 제대로 이해하고 있는가? |

# VI. 사각형의 연구
## 활동(33)

| 주 제 | 사 각 형 | | 대상연령 | 6~9세 |
|---|---|---|---|---|
| 교 구 | 기하도형 서랍, 기하막대 상자, 세 부분카드 ||||
| 목 표 | 직 접 | 사각형을 이루는 면과 각 꼭지점을 안다. |||
| | 간 접 | 사각형을 이루는 조건을 이해한다. |||
| 선행학습 | 삼각형의 변과 각 ||||
| 언 어 | 사각형, 사다리꼴, 평행사변형, 직사각형, 정사각형, 마름모, 면, 각 꼭지점 ||||
| 교 구 제 시 | < 사 각 형 > ||||

- 76 -

| 활동과정<br>(상호작용) | • 제시1) 사각형<br>　- 사각형이 끝났으니 다시 어떤 다각형을 공부해야 할까?(사각형)<br>　- 특히 사변형을 공부 할 것이니 기하막대를 이용하여 사변형을 여러 가지 만들어 보렴(지시를 하고 교사는 다른 곳으로 간다.)<br>　- 사변형 두 번째 서랍을 갖고 오겠니?<br>　- 기하도형 서랍에서 사다리꼴을 찾아보겠니?<br>　- 기하도형 서랍에서 평행사변형을 찾아보아라.<br>　- 직각사다리꼴을 찾아보겠니?<br>　- 평행사변형을 찾아보겠니?<br>　- 또 다른 평행 사변형을 찾아보자<br>　- 정사각형을 꺼내 보아라.<br>　- 직사각형을 꺼내 보아라.<br>　- 명칭카드를 놓아 보아라(사변형과 변의 길이가 다르고 평행하지 않은 도형 사변형을 기하막대로 만들어 보자)<br>　- 3부분 카드를 이용하여 3단계 학습을 한다. | |
|---|---|---|
| 흥미점 | 사각형의 이름이 달라지는 것. | |
| 실수정정 | 사변형의 특징을 모를 때. | |
| 변형확대<br>및<br>응용 | 그림의 명칭과 정의를 쓰고 소책자를 만들기. | **지도상의 유의점**<br><br>사변형은 각에 대해 신경쓰지 않아도 된다.<br><br>**관찰 (아동평가)**<br><br>여러 가지 사각형의 이름을 아는가? |

### 활동(34)

| 주 제 | 사다리꼴의 부분들 | 대상연령 | 6~9세 |
|---|---|---|---|

| 교 구 | 기하도형 서랍, 기하막대 상자, 3부분 카드 |
|---|---|

| 목 표 | 직접 | 사다리꼴의 변, 각, 모서리 등 부분들의 명칭과 특성을 이해한다. |
|---|---|---|
| | 간접 | 사다리꼴의 이치를 실생활에 활용할 수 있다. |

| 선행학습 | 사각형 |
|---|---|

| 언 어 | 사다리꼴의 밑변, 높이. 대각선, 각, 변, 둘레, 면적, 꼭지점 |
|---|---|

| 교구<br>제시 | < 사다리꼴의 높이, 내각, 꼭 지점, 밑변> |
|---|---|

| 활동과정<br>(상호작용) | • 제시1)<br>• 사다리꼴을 꺼내서 제시한다.<br>  - 기하 막대를 이용하여 사다리꼴을 만들어보아라<br>  - 사다리꼴에는 어떤 부분이 있나<br>  - 사다리꼴은 4변이 이루고 있다. 이것을 변이라 한다.<br>  - 사다리꼴의 아래 변을 밑변이라 학 위의 변을 무엇이라고 칭하는가?<br>  - 밑변은 사다리꼴의 모양에 따라 다르다.<br>  - 사다리꼴의 모든 변의 길이를 합친 것을 **둘레**라고 한다.<br>  - 변의 모서리를 각이라 한다.<br>  - 각의 두변이 만나는 끝점을 **꼭지점**이라 한다.<br>  - 변의 내부의 전체를 **면적**이라 한다.<br>  - 높이에 대해 공부했었지?(삼각형)<br>  - 선의 위치에 비스듬한 선을 대각선을 가르쳐 주겠다.<br>  - 리본을 가지고 대각선을 하나 만들어 보렴.<br>  - 대각선이란 한 꼭지 점에서 이웃하지 않는 꼭지점으로 그어진 선으로 중점을 지난다. |
|---|---|
| 흥 미 점 | 사다리꼴의 변, 둘레, 각, 꼭지점, 면적, 대각선이라는 용어를 이해할 때. |
| 실 수 정 정 | 사다리꼴의 부분명칭을 혼돈하여 칭할 때. |

| 변형확대<br>및<br>응 용 | 기하도형 서랍에서 사다리꼴 도형을 찾아 부분 명칭을 붙이기. | 지 도 상 의 유 의 점 |
|---|---|---|
| | | 밑변의 길이는 사다리꼴의 모양에 따라 달라짐을 알게 한다. |
| | | 관찰 (아동평가) |
| | | 사다리꼴의 부분 명칭을 아는가? |

활동(35)

| 주 제 | 사다리꼴의 종류 | 대상연령 | 6~9세 |
|---|---|---|---|
| 교 구 | 기하도형 서랍, 기하막대 상자, 3부분 카드 | | |
| 목 표 | 직접 | 사다리꼴의 종류를 알고 특성을 안다. | |
| | 간접 | 사다리꼴의 특성을 이용할 수 있는 사고력을 기른다. | |
| 선행학습 | 사다리꼴의 각 부분 | | |
| 언 어 | 등변사다리꼴, 부등변 사다리꼴, 직각 사다리꼴 | | |
| 교구제시 | <br><사다리꼴의 종류> | | |

| | |
|---|---|
| 활 동 과 정<br>(상호작용) | 제시1)러그와 기하막대상자를 가져온다.<br>　• 기하 막대로 사다리꼴을 만들어 본다.<br>제시2)아동이 만들어 놓은 부등변 사다리꼴의 특징에 대해 설명한 후 명칭카드와 짝짓기를 한다.<br>　- 특히 4변의 길이가 다르며 1쌍의 변이 평행하다.<br>제시3)등변 사다리꼴 구성하기<br>　- 1쌍의 평행한 변을 갖고 있는 도형이다.<br>　- 이 사다리꼴은 등변 사다리꼴이다.<br>제시4)직각 사다리꼴은 한 각이 직각이며, 1쌍의 변이 평행하다.<br>　- 3부분 카드로 3단계 학습을 한다. |
| 흥 미 점 | 각 사다리꼴의 특징을 아는 것. |
| 실 수 정 정 | 사다리꼴의 모양이 다양함을 모를 때. |

| | | |
|---|---|---|
| 변 형 확 대<br>및<br>응　　용 | 그림을 그리고 명칭과 정의를 쓴 후, 소책자 만들기. | **지도상의 유의점**<br>각 사다리꼴은 1쌍의 변이 평행임을 아동 스스로 깨닫게 한다. |
| | | **관찰 (아동평가)**<br>사다리꼴의 종류를 아는가? |

# Ⅶ. 다각형의 연구
## 활동(36)

| 주 제 | 다각형의 종류 | 대상연령 | 6~9세 |
|---|---|---|---|
| 교 구 | 기하막대 상자, 3부분카드, 각도기 | | |
| 목 표 | 직 접 | 다각형의 종류를 알고 특성을 안다. | |
| | 간 접 | 다각형과 원을 비교하여 그 특성과 관계를 이해한다. | |
| 선행학습 | 다각형 | | |
| 언 어 | 불규칙 다각형, 등변 다각형, 정다각형 | | |
| 교구제시 | 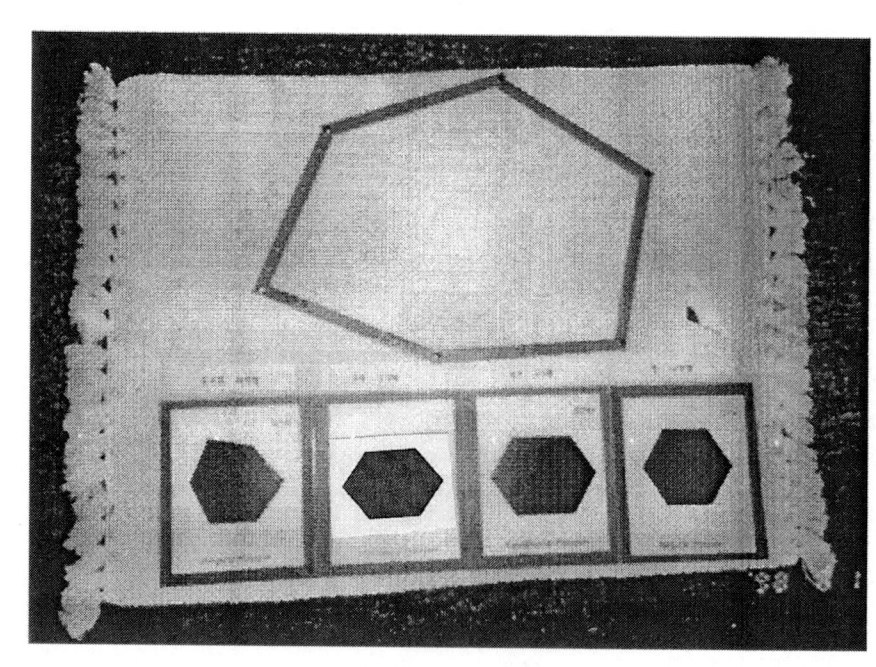 < 다각형의 종류 > | | |

| | |
|---|---|
| 활동과정<br>(상호작용) | • 여러 가지 다각형에 대해서 알아본다.<br>• 제시1)<br>• 아동과 함께 다각형서랍을 살펴본다.<br>• 삼각형과 사각형 모양을 제시한다.<br>• 기하막대로 육각형을 만들어본다.<br>• 이것은 불규칙 다각형이라는 명칭을 가르쳐 준다.<br>• 제시2)<br>• 또 다른 형태로 변화시켜본다.<br>• 교사가 다시 육각형의 모양으로 변형시킨다.<br>• 각도기를 사용하여 각의 크기가 같음을 확인한다.<br>• 이러한 각을 등각이라고 한다.<br>• 이러한 다각형의 이름은 등각 다각형, 또는 정다각형이라고 한다.<br>• 세 부분 카드로 삼단계 학습을 한다. |
| 흥미점 | 정다각형의 뜻을 이해하는 것. |
| 실수정정 | 다각형의 특징을 모를 때. |

| | | |
|---|---|---|
| 변형확대<br>및<br>응용 | 그림을 그리고 명칭과 정의를 쓴 후 소책자 만들기. | 지도상의 유의점 |
| | | 등변과 등각 다각형인 도형의 이름을 정다각형으로 통일한다. |
| | | 관찰 (아동평가) |
| | | 여러 가지 다각형의 종류를 아는가? |

## 활동(37)

| 주 제 | 정삼각형과 정사각형 | 대상연령 | 6~9세 |
|---|---|---|---|
| 교 구 | 기하도형 서랍 중에서 정삼각형도형과 정사각형 도형 | | |
| 목 표 | 직접 | 정삼각형과 정사각형의 다른 점을 찾을 수 있다. | |
| | 간접 | 정삼각형과 정사각형의 관계성을 파악한다. | |
| 선행학습 | 다각형의 종류 | | |
| 언 어 | 정삼각형, 정사각형 | | |
| 교구제시 | 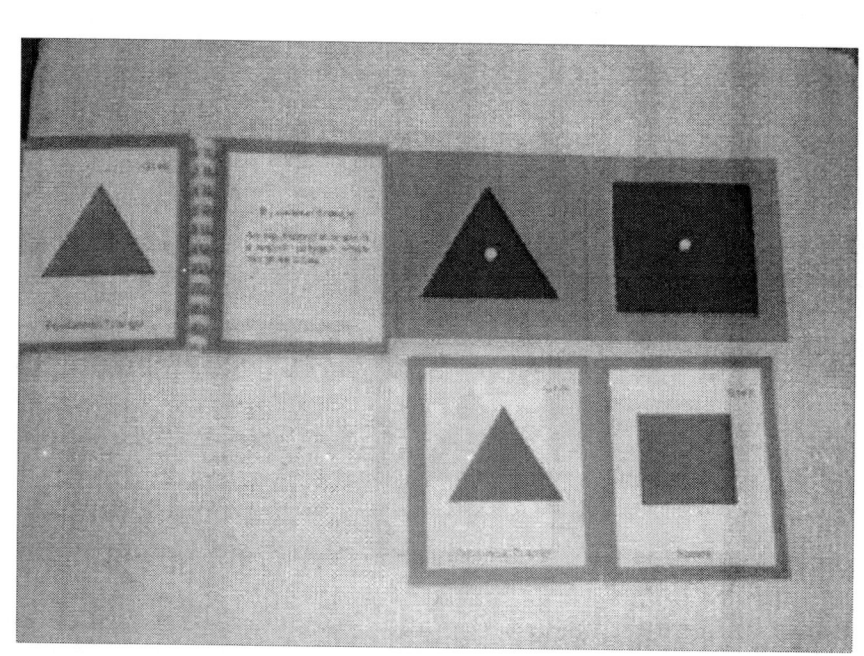<br><정삼각형, 정사각형> | | |

| | | |
|---|---|---|
| 활 동 과 정<br>(상호작용) | • 제시1) 등각에 대해서 살펴보자.<br>  - 지난 시간에는 다각형에 대해 배웠다.<br>  - 정다각형의 특징이 무엇이지?<br>  - 등각이며 등변이다.<br>  - 가장 간단한 도형을 공부하자.<br>• 제시2) 정삼각형에 대해서 살펴보자.(정삼각형의 구성)<br>  - 정삼각형의 특징은 무엇인가?<br>  - 등각이며 이등변을 찾아본다.<br>  - 정삼각형 다음에 나오는 정다각형은 무슨 도형인가?<br>• 제시3) 정사각형에 대해서 살펴보자.( 정사각형구성)<br>  - 정사각형의 특징은 무엇인가? 등각이고 등변이다.<br>  - 정사각형 다음에 나오는 정다각형을 구성한다.<br>  - 세 부분 카드를 이용하여 3단계 학습을 한다. | |
| 흥 미 점 | 정삼각형과 정사각형의 특징을 아는 것. | |
| 실 수 정 정 | 정삼각형과 정사각형의 다른 점을 잘못 찾을 때. | |
| 변 형 확 대<br>및<br>응 용 | 기하막대나 또는 그림을 그리고 명칭과 정의를 쓴 후, 소책자 만들기. | **지도상의 유의점**<br><br>아동 스스로 특징을 말할 수 있도록 시간을 준다.<br><br>**관찰 (아동평가)**<br><br>정삼각형과 정사각형의 특징을 아는가? |

활동(38)

| 주 제 | 다각형의 부분들 | 대상연령 | 6~9세 |
|---|---|---|---|
| 교 구 | 기하도형 서랍 중에서 다각형 서랍, 세부분 카드, 부분명칭을 쓴 카드 | | |
| 목 표 | 직 접 | 다각형의 부분에 대해 안다. | |
| | 간 접 | 다각형의 특성을 이해한다. | |
| 선행학습 | 정삼각형과 정사각형 | | |
| 언 어 | 변, 각, 중심, 대각선, 밑변, 반지름, 변심거리 | | |
| 교구제시 | | | |

| | | |
|---|---|---|
| 활 동 과 정 (상호작용) | • 정다각형에 대해 배웠지?<br>• 특징이 뭘까?<br>• 제시1)<br>• 이 다각형의 이름을 말해 보겠니?<br>• 각 다각형들의 부분에 대해 알아보자<br>  - 육각형을 꺼내 보겠니?(변을 가리키며)<br>  - 이것을 변이라 한다.<br>  - 이 다각형의 각 변은 **선분**들로 이루어 졌다.<br>  - 이것들은 각이라 한다.<br>  - 이 다각형에는 몇 개의 변이 있는지 찾아보자<br>  - 이 다각형에는 몇 개의 각이 있는지 살펴보자.<br>제시2)꼭지 점을 가리키며<br>  - 이것을 **꼭지 점**이라 한다.<br>제시3)밑변을 가리키며<br>  - 이것을 **밑변**이라고 한다.<br>  - 다각형을 놓는 위치에 따라 밑면이 달라진다.<br>  - 다각형의 모든 길이를 합쳤을 때를 **둘레**라고 한다. | |
| 흥 미 점 | 다각형을 놓는 위치에 따라 밑변이 달라지는 것. | |
| 실 수 정 정 | 원하는 다각형의 구성이 서툴 때. | |
| 변 형 확 대 및 응 용 | 그림 그리고 명칭, 정의를 쓴 후 소책자 만들기. | **지도상의 유의점**<br>아동 스스로 대각선을 찾을 수 있도록 도와준다. 이때, 대각선 하나는 중심을 지난다는 것을 이해시킨다.<br>**관찰 (아동평가)**<br>다각형의 부분들에 대해 이해하는가? |

## Ⅷ. 원의 연구
### 활동(39)

| 주 제 | 원의 각 부분 | 대상연령 | 6~9세 |
|---|---|---|---|
| 교 구 | 기하도형 서랍의 원 서랍, 세부분카드 | | |

| 목 표 | 직 접 | 원의 부분 명칭을 안다. |
|---|---|---|
| | 간 접 | 원의 기하학적인 특성을 파악하고 실생활에 응용을 연구한다. |

| 선행학습 | 다각형의 부분 |
|---|---|

| 언 어 | 현, 지름, 반지름, 호, 중심, 면적, 부채꼴, 할꼴 |
|---|---|

| 교구제시 | ○ ○ ○ ○ ○ <br><br> ○ ○ ○ ○ ○ |
|---|---|

| | | |
|---|---|---|
| 활 동 과 정<br>(상호작용) | (원 그림: 현, 지름, 반지름, 호 표시)<br><br>(원 그림: 중심 표시) | • 제시1)<br>• 기하도형 제시<br>  - 이것은 원이다.<br>  - 크기가 모두 다르다<br>  - 원에 어떤 부분이 있나 알아보자<br>• 제시2)<br>• 원의 중심을 가리키며<br>  - 이 점이 원의 중심이다.<br>• 제시3)<br>• 빨간 리본을 붙이며<br>  - 원의 일부분을 떼 낸 원 둘레 상에서 한 점에서 다른 점으로 이어지는 직선을 **현**이라 한다.<br>  - 특별한 형태의 선분으로 한 점에서 다른 한 점으로 반드시 중심을 지나는 선을 **지름**이라 한다.<br>  - 원의 중점에서 다른 원 둘레의 한 점까지 이어진 선을 **반지름**이라 한다.<br>• 리본으로 원의 둘레를 재어 본다.<br>  - 원둘레의 전체 길이를 **원주**라고 한다. |
| 흥 미 점 | 지금까지 배운 용어들과는 다른 용어들(예) 할꼴, 부채꼴 현, 호. | |
| 실 수 정 정 | 원의 부분에 대한 용어를 익히지 못할 때. | |
| 변형확대<br>및<br>응 용 | 그림 그리고 명칭, 정의를 쓴 후, 소책자 만들기. | **지 도 상 의 유 의 점**<br><br>정확한 개념 파악이 되도록 교사와 아동이 같이 작업을 하도록 한다.<br><br>**관찰 (아동평가)**<br><br>원의 부분 명칭을 이해하는가? |

## 활동(40)

| 주 제 | 원과 직선과의 관계 | 대상연령 | 6~9세 |
|---|---|---|---|
| 교 구 | 원 도형, 세부분 카드, 러그 원 | | |
| 목 표 | 직접 | 원과 직선과의 관계를 안다. | |
| | 간접 | 접선과 한 선의 다른 점을 정의하고 구분할 수 있다. | |
| 선행학습 | 원의 부분 | | |
| 언 어 | 접선, 할선 | | |
| 교구 제시 | <원의 접선, 할선> | | |

- 90 -

| | |
|---|---|
| 활 동 과 정<br>(상호작용) | • 제시1)<br>• 원근처나 원위에 여러 가지 선을 그어 본다.<br>• 그려진 선에 이름을 붙여보자.<br>• 각자 원과 선을 그려서 선의 이름을 써본다.<br>• 원과 직선은 두 가지 관계를 맺을 수 있다.<br>• 원과 직선이 한 점에서 만나는 것을 '접선'이라 한다.<br>제시2)<br>'할선'은 원의 두 점을 직선이 지나는 것을 말한다.<br>• 원의 접선과 할선의 특징을 말해보고 써본다.<br>• 세부분 카드로 학습한다.<br>• 원의 할선을 표시해 보아라. |
| 흥 미 점 | 접선과 할선을 찾는 것. |
| 실 수 정 정 | 접선과 할선을 제대로 구성하지 못할 때. |

| | | |
|---|---|---|
| 변 형 확 대<br>및<br>응 용 | 크기가 다른 도형에서 접선과 할선 찾아보기. | **지 도 상 의 유 의 점** |
| | | 할선을 찾을 때 직선이 원을 가로질러 간다는 것을 명확히 한다. |
| | | **관찰 (아동평가)** |
| | | 원의 접선과 할선을 이해하는가? |

## 활동(41)

| 주 제 | 두 원의 관계 | 대상연령 | 6~9세 |
|---|---|---|---|
| 교 구 | 크고 작은 원, 세 부분 카드 | | |
| 목 표 | **직접** 두 원의 관계를 안다.<br>**간접** 원과 원 사이에 이루어지는 다양한 관계형성을 이해할 수 있다. | | |
| 선행학습 | 원과 직선과의 관계 | | |
| 언 어 | 어부원, 내부원, 외접원, 내접원, 할원, 동심원, 원환 | | |
| 교구제시 | <두 원과의 관계> | | |

| 활동과정<br>(상호작용) | • 제시1)<br>• 크기가 서로 다른 원 2개를 제시한다.<br>　- 두개의 원이 만나지 않을 때 이러한 원을 **외부원**이라 한다.<br>　- 한 원 안에 다른 원이 속해 있을 때를 **내부원**이라 한다.<br>　- 두 원을 붙여본다.<br>　- 두 원이 바깥의 한 점에서 만날 때 **외접원**이라 한다.<br>　- 두 개의 원이 큰 원의 안쪽의 한 점에서 만날 때 '내접원'이라 한다.<br>　- 원과 원이 밖의 외부에서 만날 때 **할원**이라 한다.<br>　- 두 원이 같은 중점을 가질 때를 **동심원**이라 한다.<br>　- 동심원에서 **외부원**과 내부원의 사이를 **원환**이라 한다.<br>　- 세 부분 카드를 이용하여 3단계 학습을 한다. | |
|---|---|---|
| 흥 미 점 | 실제 조작을 통해 개념을 이해하는 것. | |
| 실 수 정 정 | 원에 관계된 명칭을 정확히 모를 때. | |
| 변형확대<br>및<br>응 용 | 그림을 그리고 명칭과 정의를 쓴 후 소책자 꾸미기. | **지도상의 유의점** |
| | | 할원의 개념 이해를 돕기 위해 아동 스스로 해 보도록 유도한다. |
| | | **관찰 (아동평가)** |
| | | 두 원과의 관계를 이해하는가? |

# IX. 도형의 면적
## 활동(42)

| 주 제 | 사각형의 둘레 | | 대상연령 | 6~9세 |
|---|---|---|---|---|
| 교 구 | 둘레 면적 상자, 기하도형 서랍의 직사각형과 정사각형 도형 ||||
| 목 표 | 직접 | 도형의 둘레나 면적을 알 수 있다. |||
| | 간접 | 둘레와 면적과의 관계를 연구한다. |||
| 선행학습 | 기하도형의 둘레 ||||
| 언 어 | 길이, 너비 ||||
| 교구 제시 | < 둘레. 면적 상자 > ||||

| 활동과정<br>(상호작용) | • 제시 1)<br>  - 교구를 나열하게 한다.(20개로 구성됨을 알려준다.)<br>  - 교구들을 뒤집어 보게 한다(다른 교구에는 아무 표시도 없으나 직각 삼각형2개만 뒷면에도 표시가 되어있다.)<br><br>• 제시 2)<br>  - 직사각형의 둘레를 알아보자.<br>  - 교구에 나타난 수를 세어본다.<br>  - 도형의 둘레를 알아보려면 도형의 숫자를 더하게 한다.<br>  - 도형의 둘레를 P라고 한다.<br>  - (교구의 밑변과 윗변을 가리키며)이것을 길이라고 한다.<br>(W)=width<br>  - (교구의 세로 부분을 가리키며) 이것은 너비라고 한다.<br>(L)=length<br>  - 직사각형의 둘레는 두 개의 길이와 두 개의 너비를 합한 것이다.<br>  - 수학자들이 빨리 계산하는 방법을 제시한다. $P=2L \times 2W$<br><br>• 제시 3)<br>  - 직사각형 교구 위에 정사각형 도형을 올려놓는다.<br>  - 길이를 재어 계산해본다.<br>  - 다른 방법으로는 사각형의 한 변을 S로 놓고 다시 계산한다.<br>  - 정사각형은 4변의 길이가 같으므로 $P=S+S+S+S=20$<br>  - 똑같은 수를 여러 번 곱할 때는 곱셈을 쓴다는 사실을 상기시킨다.<br>    $P=4 \times S$ |
|---|---|
| 흥 미 점 | 교구를 이용하여 도형의 둘레를 잴 수 있다. |
| 실 수 정 정 | 직사각형의 너비, 길이의 용어를 이해하지 못할 때. |

| 변형확대<br>및<br>응 용 | 크기가 다른 여러 직사각형과 정사각형의 크기 재기. | 지 도 상 의 유 의 점 |
|---|---|---|
| | | 공식을 만들어 내는 것이 중요한다. |
| | | 관찰 (아동평가) |
| | | 직사각형과 정사각형의 둘레를 잴 수 있는가? |

## 활동(43)

| 주 제 | 삼각형의 둘레 | 대상연령 | 6~9세 |
|---|---|---|---|

| 교 구 | 둘레 면적 상자, 삼각형 도형 |
|---|---|

| 목 표 | 직 접 | 삼각형의 둘레를 알 수 있다. |
|---|---|---|
| | 간 접 | 정확한 측정방법을 익힌다. |

| 선행학습 | 직사각형과 정사각형의 둘레 |
|---|---|

| 언 어 | 세변, 세각, 세꼭지점 |
|---|---|

| 교 구 제 시 | <삼각형의 둘레> |
|---|---|

| | |
|---|---|
| 활 동 과 정<br>(상호작용) | [삼각형 그림들: 변의 길이 10, 10, 10 / 12, 12, 10 / 10, 11.2, 5]<br><br>• 제시<br>• 산수적으로 계산<br>• 공식을 만들어 내는 것이 중요하다.<br>  - 삼각형에는 3변이 있으니 둘레를 더하면 될꺼야!<br>  - a라는 둘레와 b, c라는 둘레를 모두 더하면 된다.<br>  - 몇 개의 칸이 있니? 10개<br>  - 변의 길이도 알아보자 10<br><br>$P = 10 + 10 + 10$<br>$\phantom{P} = 3 \times 10$<br><br>$P = a + b + c$<br>$P = 3a(정삼각형) \leftarrow a = b = c$ |
| 흥 미 점 | 삼각형의 둘레를 재보고 셈하는 것. |
| 실 수 정 정 | 삼각형의 둘레를 실지 재는 것과 계산의 길이가 상이할 때 |

| | | |
|---|---|---|
| 변형확대<br>및<br>응   용 | 크기가 다른 삼각형의 둘레를 재어 본다. | **지도상의 유의점** |
| | | 둘레의 공식을 만들어 내는 것이 중요하다. |
| | | **관찰 (아동평가)** |
| | | 삼각형의 둘레를 잴 수 있는가? |

## 활동(44)

| 주 제 | 직사각형의 면적 | 대상연령 | 6~9세 |
|---|---|---|---|
| 교 구 | 둘레 면적 상자 | | |
| 목 표 | 직접 직사각형의 면적을 알 수 있다. | | |
| | 간접 직사각형의 면적을 세분화하여 셈할 수 있다. | | |
| 선행학습 | 삼각형의 둘레 셈하기 $A = W \times L$ | | |
| 언 어 | 면적, 높이, 길이 | | |
| 교구제시 | <직사각형의 면적> | | |

| | |
|---|---|
| 활동과정<br>(상호작용) | • 제시1)<br>• 전시학습상기<br>• 정사각형을 보고 면적을 알아보기<br>• 면적이란 변 안의 채워진 면, 즉 둘레의 표면을 재는 것이다.<br>• 두 교구 중 하나는 가로로 줄이 쳐져 있는 것, 다른 하나는 세로로 줄이 쳐있는 것을 겹쳐본다.<br>• 교구의 눈금을 세어본다.<br>• 면적을 A(Area), 넓이. 폭 W(Width), 길이. 세로 L(Length)라 놓는다면 A=L×W<br>• 다시 길이를 h, 너비를 b라 놓는다면 A=b×h라는 공식을 만들어 낼 수 있다.<br>• 눈금이 있는 면적 상자를 그래프를 활용하여 아동 스스로가 면적을 설정하는 공식에 따라 면적을 구한다. |
| 흥미점 | 교구를 이용하여 직사각형의 면적을 구하는 새로운 공식을 만들어 낼 수 있다. |
| 실수정정 | 직사각형의 면적 구하는 공식을 모를 때. |

| | | |
|---|---|---|
| 변형확대<br>및<br>응용 | 여러 가지 크기의 직사각형의 면적을 구해본다. | **지도상의 유의점** |
| | | 직사각형의 면적 구하는 공식을 만들어내는 것이 중요하다. |
| | | **관찰 (아동평가)** |
| | | 직사각형의 면적을 구할수 있는가? |

활동(45)

| 주 제 | 정사각형의 면적 | 대상연령 | 6~9세 |
|---|---|---|---|

| 교 구 | 둘레 면적 상자, 정사각형 도형 | | |
|---|---|---|---|

| 목 표 | 직 접 | 정사각형의 면적을 구할 수 있다. |
|---|---|---|
| | 간 접 | 정사각형과 직사각형 면적을 내는 공식의 이치를 탐구한다. |

| 선행학습 | 직사각형의 면적 |
|---|---|

| 언 어 | 면적, 한 변 |
|---|---|

교구제시

< 정사각형의 면적 >

| | |
|---|---|
| 활 동 과 정<br>(상호작용) | • 전시학습상기.<br>• 직사각형의 둘레와 면적<br>  - 제시 직사각형을 보고 면적을 구해보기<br>• 직사각형 교구에 정사각형 교구를 대보면서 면적을 구할 수 있다.<br>• 정사각형은 4변의 길이가 모두 같으므로 한 변의 길이만 재면 된다.<br>• A = 가로×세로<br>    = S× S(한 변의 길이)<br>• 다음 단계도 알면 S의 제곱도 알려준다.<br>• $5^2$의 이치를 알아보게 한다.<br>• 눈금이 있는 그래표지에 면적 상자를 그리고 아동이 설정해 면적장치 의 면적을 구해본다. |
| 흥 미 점 | 정사각형의 면적 구하는 공식으로 면적을 구하는 것. |
| 실 수 정 정 | 정사각형의 면적 구하는 공식을 모를 때. |

| | | |
|---|---|---|
| 변형확대<br>및<br>응 용 | 크기가 다른 정사각형의 면적을 구한다. | **지 도 상 의 유 의 점** |
| | | 정사각형의 면적을 구할 때 가로, 세로보다는 한 변이라는 명칭을 사용한다. |
| | | **관찰 (아동평가)** |
| | | 정사각형의 면적을 구할 수 있는가? |

활동(46)

| 주 제 | 삼각형의 면적 | 대상연령 | 6~9세 |
|---|---|---|---|
| 교 구 | 둘레 면적 상자 | | |
| 목 표 | 직 접 | 삼각형의 면적을 구할 수 있다. | |
| | 간 접 | 삼각형과 사각형 면적 산출의 이치를 탐구한다. | |
| 선행학습 | 정사각형의 면적 | | |
| 언 어 | 면적, 높이 | | |
| 교 구 제 시 | | | |

< 삼각형의 면적 >

| 활동과정<br>(상호작용) | (격자 그림: 5 × 5, 가로 5) | • 제시<br>• 삼각형을 다른 도형으로 바꾸어(사각형) 면적을 구해 본다.<br>  - 직사각형 교구와 직각 삼각형 교구 2개는) 두 직사각형은 크기가 같다.<br>  - 삼각형과는 합동이다.<br>• A = L × W<br>    = b × h<br>    = a × 1/2h |
|---|---|---|
| 흥 미 점 | 삼각형 면적을 구하는 것. ||
| 실수정정 | 삼각형의 면적을 구하는 공식을 모를 때. ||
| 변형확대<br>및<br>응 용 | 크기가 다른 삼각형의 면적을 구한다. | **지도상의 유의점**<br><br>직사각형의 면적을 구하는 공식에서 유추해본다.<br><br>**관찰 (아동평가)**<br><br>삼각형의 면적을 구할 수 있는가? |

## 활동(47)

| 주 제 | 직육면체의 부피 | 대상연령 | 6~9세 |
|---|---|---|---|
| 교 구 | 부피 교구, 갈색 계단 | | |
| 목 표 | 직접 직육면체의 부피를 구할 수 있다.. <br> 간접 면적과 부피의 특징을 익힌다. | | |
| 선행학습 | 삼각형의 면적 | | |
| 언 어 | 부피(V) | | |
| 교 구 제 시 | < 직육면체의 부피 > | | |

| 활동과정<br>(상호작용) | • 제시1)<br>  - 교구를 소개한다..<br>  - 교구(사각뿔)에 모래를 재운다.<br>  - 사각뿔 안에 있는 모래를 삼각뿔에 넣는다(분수개념 도입)<br>  - 모래를 붓고 따르는 과정을 반복한다.<br><br>• 제시2)<br>  - 갈색 계단의 속이 비어 있는 것을 채울 수 잇는 것이 부피이다.<br>  - 직사각형의 면적을 가로×가세로 구할 수 있다.<br>  - 그러나 직육면체는 높이도 계산해야 한다. | |
|---|---|---|
| 흥미점 | 직육면체의 부피를 구하는 것. | |
| 실수정정 | 직육면체의 부피 공식을 모를 때. | |
| 변형확대<br>및<br>응용 | 크기가 다른 직육면체나 정육면체의 부피를 구한다. | **지도상의 유의점**<br><br>부피의 단위가 삼차원을 나타내는 $cm^3$를 쓴다는 사실을 인지하게 한다. |
| | | **관찰 (아동평가)**<br><br>직육면체의 부피를 구할 수 있는가? |

몬테소리 교수-학습지도안

# 기 하
(9 ~ 12세)

# 목  차
## (9~12세)

활동(1) 기하입체에 대한 개념 ················································· 110
활동(2) 선에 대한 연구(선의 부분) ········································· 112
활동(3) 선에 대한 연구(두 선과의 관계) ································ 114
활동(4) 각에 대한 연구 ···························································· 116
활동(5) 두각 사이의 관계 ························································ 118
활동(6) 각의 크기에 대한 공부 ··············································· 120
활동(7) 각도기로 각을 측정하기 ············································· 122
활동(8) 세 직선 사이의 관계 ··················································· 124
활동(9) 점, 선, 면 입체에 대한 개념 ······································ 126
활동(10) 선의 측정 ··································································· 128
활동(11) 영역의 형성 ······························································· 130
활동(12) 다각형 공부의 시작 ··················································· 132
활동(13) 삼각형의 종류 ···························································· 134
활동(14) 삼각형의 각 ······························································· 136
활동(15) 삼각형의 변과 각 ······················································ 138
활동(16) 삼각형의 부분들 ························································ 140
활동(17) 삼각형의 높이와 직각삼각형의 특별한 부분 ··········· 142
활동(18) 삼각형의 구성 ···························································· 144
활동(19) 정삼각형 구성 ···························································· 146
활동(20) 삼각형의 높이 ···························································· 148
활동(21) 삼각형의 높이 그리기 ··············································· 150
활동(22) 삼각형의 수심 ···························································· 152
활동(23) 삼각형의 내심 ···························································· 154
활동(24) 삼각형 내각의 합 ······················································ 156
활동(25) 사각형 ········································································ 158
활동(26) 사각형에 대한 연구(사각형의 부분들) ····················· 160
활동(27) 사다리꼴의 부분들 ····················································· 162
활동(28) 사각형의 내각의 합 ··················································· 164
활동(29) 사각형의 둘레 ···························································· 166
활동(30) 넓이에 대한 연구 ······················································ 168

활동(31) 직사각형과 정사각형의 넓이 …………………………………………………… 170
활동(32) 평행사변형의 넓이 ………………………………………………………………… 172
활동(33) 삼각형의 넓이 ……………………………………………………………………… 174
활동(34) 마름모꼴, 사다리꼴의 넓이 ……………………………………………………… 176
활동(35) 원의 넓이 …………………………………………………………………………… 178
활동(36) 원의 연구 …………………………………………………………………………… 180
활동(37) 원주의 측정 ………………………………………………………………………… 182
활동(38) 합동에 대한 개념 ………………………………………………………………… 184
활동(39) 닮음의 개념 ………………………………………………………………………… 186
활동(40) 구성삼각형(두 번째 시리즈) …………………………………………………… 188
활동(41) 동치(합동)인 두 도형의 변에 대한 관계 …………………………………… 190
활동(42) 큰 육각형 상자(여러 도형의 구성) …………………………………………… 192
활동(43) 삼각형과 직사각형간의 동치관계 ……………………………………………… 194
활동(44) 정오각형과 삼각형간의 동치관계 ……………………………………………… 196
활동(45) 두 개의 직사각형과 삼각형간의 동치관계 ………………………………… 198
활동(46) 삼각형과 직사각형간의 동치관계, 마름모꼴과 직사각형간의 동치관계 ……… 200
활동(47) 평행사변형과 직사각형간의 동치관계 ……………………………………… 202
활동(48) 변심거리에 대한 연구 …………………………………………………………… 204
활동(49) 동치인 도형간의 변에 대한 관계 …………………………………………… 206
활동(50) 분할 값을 가진 두 도형간의 관계 I ………………………………………… 208
활동(51) 분할 값을 가진 두 도형간의 관계 II ………………………………………… 210
활동(52) 작은 육각형 상자(삼각형, 육각형, 사다리꼴, 마름모꼴의 관계) ………… 212
활동(53) 작은 육각형 상자 ………………………………………………………………… 214
활동(54) 세 가지 상자의 연합(삼각형, 육각형, 마름모꼴의 비율) ………………… 216
활동(55) 육각형들, 삼각형들 간의 관계, 정삼각형과 내접한 정삼각형의 비율 ……… 218
활동(56) 정사각형에 내접한 도형간의 관계, 정삼각형의 높이에 따른 정삼각형 ……… 220
활동(57) 피타고라스의 원리 ………………………………………………………………… 222
활동(58) 부피의 개념 소개 ………………………………………………………………… 224
활동(59) 사각기둥의 부피 …………………………………………………………………… 226
활동(60) 삼각기둥과 마름모형 기둥의 부피 …………………………………………… 228
활동(61) 육각기둥과 원기둥의 부피 ……………………………………………………… 230
활동(62) 정사각뿔과 원뿔의 부피 ………………………………………………………… 232
활동(63) 입체의 부피 ………………………………………………………………………… 234

## 활동(1)

| 주 제 | 기하 입체에 대한 개념 | 대상연령 | 9~12세 |
|---|---|---|---|
| 교 구 | 정육면체, 구, 원뿔, 사각뿔, 계란형, 직육면체, 타원체, 원기둥, 사각기둥 |||
| 목 표 | 직접 | 공간을 차지하는 것을 입체임을 알고 여러 가지 기하입체를 구성할 수 있다. ||
|  | 간접 | 입체의 개념을 정리 할 수 있다. ||
| 선행학습 | 평면도형 |||
| 언 어 | 입체 |||
| 교구제시 | |||

| 활동과정<br>(상호작용) | 제시1 정육면체 제시<br>• 여러 가지 기하입체 도형을 만져보며 이름을 말해본다.<br>• 차지하는 공간이 있는 것을 입체라고 한다.<br>• 정육면체를 쓰다듬으며 정육면체라고 칭해 보며 정의를 복습한다.<br>• 정육면체와 구는 합쳐질 수 없다는 까닭을 알아본다.<br>• 구가 차지하는 공간, 정육면체가 차지하는 공간의 크기를 생각한다.<br><br>• 여러 가지 입체도형은 어떻게 이루어져 있는가? (입체도형의 특징)<br>  - 구는 곡선으로 이루어져 있다.<br>  - 정육면체는 각이 져 있다.<br>  - 원뿔은 곡선과 각이 함께 있는 입체다.<br>  - 직육면체는 평평한 면으로 이루어져 있다.<br>  - 타원체는 곡선으로 이루어져 있다.<br>  - 원기둥은 평평한 면과 곡선으로 이루어져 있다.<br>  - 사각뿔은 평평한 각이 있다.<br>  - 삼각기둥은 모두 각이 있다.<br>  - 계란형은 곡선으로 되어있는 입체다.<br>• 입체도형의 정의를 다시 내리기.<br>• 세 부분카드로 3단계 학습하기. | |
|---|---|---|
| 흥미점 | 입체 도형을 쓰다듬어 보는 것 | |
| 실수정정 | 세 부분카드 | |
| 변형확대<br>및<br>응용 | • 여러 가지 입체도형을 찾아 그 특징을 쓰고 발표해 본다.<br><br>• 우리생활 주변의 입체도형을 찾아보고 입체도형의 응용에 대한 구상을 해 본다. | **지도상의 유의점**<br>• 기하학의 접근은 입체가 아니므로 점이나 선으로 접근할 수 없다.<br>• 처음에는 면으로 접근한다.<br>• 면은 입체로 가기 위한 최소한의 단위이다. |
| | | **관찰 (아동평가)**<br>기하입체 도형의 개념을 이해하는가? |

활동(2)

| 주 제 | 선에 대한 연구 (선의 부분) | 대상연령 | 9~12세 |
|---|---|---|---|
| 교 구 | 색실, 세 부분카드, 비이커, 이쑤시개 | | |
| 목 표 | 직 접 | 여러 가지 선과 명칭과 특징이 다름을 안다. | |
| | 간 접 | 선중에서 파선(반직선)을 알 수 있다. | |
| 선행학습 | 점은 길이, 넓이, 높이로 표현 할 수 없다는 무차원적인 형태임을 느낄 때 | | |
| 언 어 | 직선, 곡선, 파선, 수평선, 수직선, 사선 | | |
| 교구제시 | 직선 / 곡선 / 파선  　　 수직선 　수평선 　사선  　　 수직선 │ 수평선 │ 사선 | | |

| | |
|---|---|
| **활동과정**<br>**(상호작용)** | 제시1) 색실을 사용하여 6~9세 과정의 선에 대한 복습을 한다.<br>- 길게 늘어뜨린 이 선은 무한대를 가고 있는데 내가 잡아서 끝을 보이게 하고 있다. 선은 꼭 1차원적인 형태이고 길이만 갖는다.<br>• 세 부분카드사용<br>제시2) 여러 가지 선 제시 - 곡선은 방향이 변한다.<br>- 색실로 곡선과 직선을 만들어 본다.<br>- 직선 : 방향이 지속적으로 이루어진다.<br>- 곡선 : 방향이 변한다.<br>- 파선 : 끝점을 갖고 계속적으로 선분이 만들어지지 않는다.(끊긴 듯 하여 연결하는 것)<br>- 직선을 위치로 구분할 때.<br>• 실을 사용하여 길게 늘어트린다.(수직선)<br>• 유리컵에 물을 채운 후 가늘고 곧은 막대(이쑤시개 등)를 띄운다. (이때 물은 바다를 연상시킨다.)<br>• 수평선 - 바다 위에 나란히 떠 있는 상태.<br>• 사선 - 수직선도 수평선도 아닌 선<br><br>수평선 →　　　　사선 ↘<br>수직선 ↓ |
| **흥미점** | • 점이 모여 선이 되며 방향이 바뀌는 것.<br>• 실과 유리컵 속의 물을 이용하는 것. |
| **실수정정** | 실을 늘어뜨리면 방향이 일정하다. |

| | | |
|---|---|---|
| **변형확대**<br>**및**<br>**응　용** | | **지도상의 유의점** |
| | • 교실에서 수평선·수직선·사선 찾아 보고 정의를 말해 본다. | 선을 지도할 때는 선의 굵기가 중요한 것이 아니라 길이가 중요하다. |
| | • 공책에 직접 그리고 창의적으로 다르게 표현해 본다. | **관 찰 (아 동 평 가)** |
| | | 직선, 곡선, 수평선, 사선, 수직선의 특징과 명칭을 아는가? |

## 활동(3)

| 주 제 | 선에 대한 연구 (두선과의 관계) | 대상연령 | 9~12세 |
|---|---|---|---|
| 교 구 | 실, 세 부분카드, 기하막대 상자, 흰 종이, 코르크 판, 인형3쌍(슬픈 표정, 무덤덤한 표정, 행복한 표정 각 1쌍)의 얼굴 표정카드 | | |
| 목 표 | 직접 | 선의 부분들을 알 수 있고, 평행선, 발산선, 수렴선등을 안다. | |
| | 간접 | 원점, 선분, 끝점, 반직선의 특성을 생활에 이용할 수 있다. | |
| 선행학습 | 선의 학습(선의 의지) | | |
| 언 어 | 직선, 반직선, 선분, 원점, 평행선, 발산선, 수렴선 | | |
| 교구제시 | | | |

| | |
|---|---|
| 활동과정<br>(상호작용) | 제시1) 선의 부분들<br>- 털실을 잘라서 코르크판에 붙이고 설명하기.<br>- ①이것을 선이라고 한다. ②선은 넓이가 없다.<br>- 리본 끝을 매듭지으며 끝점이 있고 한쪽 방향으로만 뻗어 있는 직선을 **반직선**이라고 한다.<br>- 끝점이 두 개 있는 직선을 선분이라고 한다.(리본의 양끝을 매듭짓는다.)<br>- 선이 시작되는 점을 원점이라고 한다.<br>- 3단계 학습법에 의하여 선의 부분들을 학습한다.<br>- 세 부분카드로 선의 부분을 학습한다.<br>- 기하도형을 카드로 복 명칭과 정의 쓰기.(스스로 공부하기)<br>• 두 선 사이의 관계<br>- 덤덤한 표정의 얼굴카드 놓기.<br>- 동일한 평면 위에 존재하는 서로 만나지 않는 직선.<br>  (직선 위에 양방향으로 화살표 놓기)<br>• 화난 표정의 얼굴카드 놓기<br>- 동일한 평면 위에 있는 직선으로 각각이 뻗어 나감에 따라 서로 만나지 못하고 멀어지는 직선.<br>• 웃는 표정의 얼굴카드 놓기.<br>- 동일한 평면위에 있는 직선으로 각각이 뻗어 나감에 따라 가까워지는 직선.<br>• 작업한 선 위에 명칭카드를 매칭 시키기.<br>• 공책에 그리고 명칭을 써 본다. |
| 흥미점 | • 털실이나 리본을 이용하여 선을 만들어 보는 것.<br>• 평행선과 관련시켜 사다리 만들기. |
| 실수정정 | 기하도형 카드. |

| | | |
|---|---|---|
| 변형확대<br>및<br>응 용 | 여러 가지 선의 특성을 응용하여 다양한 도형 그리기 | **지도상의 유의점** |
| | | 실제 생활에서 여러 가지 선의 이치가 응용되는 사례 찾기. |
| | | **관 찰 (아 동 평 가)** |
| | | • 발산선, 평행선, 수평선을 구분할 수 있는가? |

## 활동(4)

| 주 제 | 각에 대한 연구 | 대상연령 | 9~12세 |
|---|---|---|---|
| 교 구 | 기하막대 상자, 기하도형, 세부분 카드, 압정, 코르크판 | | |
| 목 표 | 직 접 | 각의 명칭과 종류에 대해 알 수 있다. | |
| | 간 접 | 여러 가지 생활용품이나 주택에서 각을 찾아보고 각에 대해 관심을 갖는다. | |
| 선행학습 | 직선, 평행선, 수렴선, 발산선 | | |
| 언 어 | 각도, 각변, 예각, 둔각, 평각, 우각, 온각 | | |
| 교구제시 | | | |

- 116 -

| | |
|---|---|
| 활동과정<br>(상호작용) | • 막대 두 개를 포개어 한쪽 끝을 고정시킨다.<br>• 막대 사이를 약간 벌려 고정시킨다.<br>• 한 막대가 이루는 선을 반직선이라고 한다.<br>• 두 선의 반직선이 만나서 생기는 이런 모양이 각이다. 명칭카드 써서 제시<br>• 각을 이루는 두 반직선을 각을 이루는 '변'이라고 한다.<br>• 반직선의 원점을 각의 '꼭지 점'이라고 한다.<br>• 각의 크기를 '각도'라고 한다.(반직선 사이의 열린 틈새의 크기)<br>• 길이가 다른 두 막대에 압정을 꽂아 예각을 만든 후 무슨 각인지 묻는다.<br>• 각의 종류는 각의 크기와 관계있다. (각을 이루는 곳에 색칠을 한다)<br>제시2 직각의 제시<br>• 아동에게 짧은 막대를 움직여 직각을 만들어 보게 한다."(다른 막대와 각도기이용)<br>• 이런 각을 '직각'이라고 한다. 직각은 완전한 뾰족한 모퉁이를 형성한다."<br>• 명칭카드 제시.<br>  – 직각과 예각의 크기를 비교하게 한다.<br>• 직각보다 큰 각을 '둔각'이라고 한다." 명칭카드제시.<br>• 두 막대를 한쪽 끝을 포개어 고정시켜 다른 한쪽을 돌려가며 각의 위치를 3단계 학습으로 한다.<br>• 예각, 직각, 둔각을 차례로 만든 후 180°를 만들고 멈춘다.<br>• 이 각을 '평각'이라고 한다. 직각보다 크다. 이 각에는 직각이 2개 들어간다.<br>• 180°초과 360°미만의 우각을 만들어 보게 한다.<br>• 우리가 완전한 원을 만들었을 때 이 각을 '온각'이라 하며 360°를 말한다. 명칭카드 제시.<br>• 세 부분 카드 제시.<br>• 공책에 적기. |
| 흥미점 | 각에는 여러 종류가 있다는 것. |
| 실수정정 | 세 부분 카드. |

| 변형확대<br>및<br>응용 | • 일상 환경 물에서 직각을 찾아본다.<br>• 설명카드를 보고 짝 맞추기<br>• 각에 대한 소책자를 만들어 본다. | 지도상의 유의점 |
|---|---|---|
| | | • 180°를 지닌 각은 반대쪽이 아니란 것을 주지시켜 예각과 혼란을 일으키지 않도록 한다.<br>• 각 이름을 정확히 알게 한다. |
| | | 관찰 (아동평가) |
| | | 온각, 평각, 직각, 예각을 만들 수 있는가? |

## 활동(5)

| 주 제 | 두 각 사이의 관계 | 대상연령 | 9~12세 |
|---|---|---|---|
| 교 구 | 기하막대 상자, 구멍이 많이 뚫린 기하막대, 할 핀, 색연필, 세부분 카드, 코르크판 | | |
| 목 표 | 직접 | 두 개의 각을 만들어 합쳐보고 이웃각, 맞꼭지각, 여각, 보각을 알 수 있다. | |
| | 간접 | 각을 정확히 잴 수가 있다. | |
| 선행학습 | 각, 변, 각도, 예각, 둔각, 평각 | | |
| 언 어 | 이웃각, 맞꼭지각, 공통, 여각, 보각 | | |
| 교구제시 | | | |

| | |
|---|---|
| 활동과정<br>(상호작용) | 제시1) 이웃각의 제시<br>제시2) 기하 막대로 두개의 각을 만들어 합쳐서 공통변을 하나 빼내어 만든다.<br>• 두 각이 서로 반직선을 공유하고 있음을 확인시킨다.<br>• 이런 두 각을 '이웃각'이라고 한다. 명칭카드 제시<br>• 두 개의 기하막대를 교차시켜 놓는다.(구멍이 많은 기하막대 이용)<br>제시3) 맞꼭지각<br>• 두 개의 기하막대의 중앙과 양끝을 고정시킨다.<br>• 큰 각이 서로 마주보고 있음을 손가락으로 가리키며 같은 색으로 표시한다.<br>• 작은 각도 마주보고 있음을 손가락으로 가리키며 같은 색으로 표시한다.<br>  이런 각을 '맞꼭지각'이라고 한다. 명칭카드 제시<br>• 세 부분 카드 제시      - 공책에 그려본다.<br>• 종이를 잘라서 같은 색끼리 겹쳐보아 각이 같음을 증명한다.<br>제시4) 여각과 이웃각<br>• 다른 두 막대로 예각을 만든 후 다시 이웃각을 만들어 고정시키고<br>  두 각이 90°를 이루고 있음을 본다.<br>• 90°를 이루는 두 각 중 한 각에 대한 다른 한 각을 '여각'이라 칭한다.<br>    명칭카드 제시<br>  즉 두 개의 각의 화가 직각일 때 그 한 각의 다른 각에 대한 일컬음이다.<br>제시5) 평각 제시(각의 두 변의 정점의 양쪽에 있어서 직선을 이루는 각<br>  막대로 두 개의 각을 만들어 평각(180)을 만든다.<br>제시6) 두 각이 합쳐 180°가 되었을 때 그것을 '보각'이라고 한다.<br>• 두 각을 합하여 두 직선을 이룰 때의 한쪽 각의 다른 쪽 각에 대한 일컬음<br>• 명칭카드를 다시 아동이 놓게 한다.  • 여각과 보각, 평각을 그려본다. |
| 흥 미 점 | • 맞꼭지각은 서로 같다는 점.<br>• 기하막대로 여각과 보각, 평각을 이루어 보는 것. |
| 실수정정 | 세 부분 카드. |

| | | |
|---|---|---|
| 변형확대<br>및<br>응 용 | • 주변에서 여각, 보각, 맞꼭지각을 찾아본다.<br>• 맞꼭지각을 증명해 본다.<br>• 각에 대한 세부분카드를 만들어 본다. | **지도상의 유의점** |
| | | • 맞꼭지각을 각각 잘라서 대보면 서로 같음을 발견하도록 한다. |
| | | **관 찰 ( 아 동 평 가 )** |
| | | 이웃각, 맞꼭지각, 여각, 보각의 특징을 알고 설명할 수 있는가? |

## 활동(6)

| 주 제 | 각의 크기에 대한 공부 | 대상연령 | 9~12세 |
|---|---|---|---|
| 교 구 | 몬테소리 각도기, 분수원판 | | |
| 목 표 | 직 접 | 각의 유래를 알고 몬테소리 각도기로 각도를 잴 수 있다. | |
| | 간 접 | 정확한 각도를 측정할 수 있다. | |
| 선행학습 | 각의 부분들 | | |
| 언 어 | 몬테소리 각도기, 분수원판 | | |
| 교 구 제 시 | | | |

- 120 -

| | |
|---|---|
| **활동과정**<br>**(상호작용)** | 제시1)각의 측정에 대한 유래 알기.<br>- 수메리아인들은 각에 관심이 많고 천측에도 관심이 많아 각을 재기 위한 교구가 필요함을 느꼈다.<br>- 태양, 달, 행성들에 관심도 많았다.<br>- 수메리아 인 중 1명이 별을 관측하고 별이 바뀜을 알게 되어 별을 매일 측정하게 되었다. 당시에는 달력을 365일로 측정하였다.<br>- 별이 제자리를 찾는데 365일이 걸리고, 각도기는 바로 여기에 의해 개발되었다.<br>제시2)몬테소리 각도기로 각도 측정하기.<br>- $\frac{1}{3}$ 분수판을 각도기에 댄다(0을 맞춘다.)<br>- 원에서 $\frac{1}{3}$ 에 해당되는 각도를 알아본다.(120°)<br>제시3)챠트 만들기<br>- 분수원판의 분수 판을 한 개씩 선택하여 각도 잰 후 각의 이름 적기.<br><br>| 분 수 | 각 도 | 각 |<br>|---|---|---|<br>| $\frac{1}{3}$ | 120° | 둔각 |<br>| $\frac{1}{4}$ | 90° | 직각 |<br>| $\frac{1}{5}$ | 72° | 예각 |<br>| $\frac{1}{10}$ | 36° | 예각 | |
| **흥 미 점** | 분수원판으로 각을 재어보기. |
| **실수정정** | 각을 정확히 잴 수 없을 때 |

| | | |
|---|---|---|
| **변형확대**<br>**및**<br>**응 용** | 여러 개의 분수원판으로 각도를 알아본다.(각의 크기) | **지도상의 유의점** |
| | | 각도를 재기 위한 준비 단계이다 여러 가지 각을 살펴보게 한다.. |
| | | **관 찰 ( 아 동 평 가 )** |
| | | 각에 대한 유래와 몬테소리 각도기로 각도를 측정할 수 있는가? |

## 활동(7)

| 주 제 | 각도기로 각을 측정하기 | 대상연령 | 9~12세 |
|---|---|---|---|
| 교 구 | 360°각도기 분수원판, 컴퍼스, 흰 종이(B4정도), 각도기, 큰 종이, 자 | | |
| 목 표 | 직접 | 각도기로 각을 정확히 측정하고 각을 그릴 수 있다. | |
| | 간접 | 여러 가지 다각형의 내각을 정확히 산출할 수 있다. | |
| 선행학습 | 각을 정확히 측정하기 | | |
| 언 어 | 정육각형, 컴퍼스, 장치 | | |
| 교구제시 | | | |

| | |
|---|---|
| 활동과정<br>(상호작용) | 제시1) 각의 측정<br>- $\frac{1}{2}$ 원판을 각도기 위에 놓기(0°에 맞추기)→180°<br>- 각도기로 각을 재어보기(컴퍼스로 장미모양 만들기)<br>- 종이에 점을 찍기.(원의 중심)<br>- 부족한 부분을 점에 대고 원을 그리기.<br>- 반지름으로 원 위에 점찍기.(6개)<br>- 점을 이어 정6각형 만들기.<br>- 대각선 3개를 그어서 정삼각형 6개를 만들기.<br>- 큰 정삼각형 2개 그리기.<br>- 구성된 각을 모두 찾아보게 한다.<br>- 이렇게 만들어진 도형을 컴퍼스 장미라고 한다.<br>- 사각형, 삼각형 등 보이는 각을 모두 재어서 기록한다.<br>• 각도기와 자를 가지고 각을 만들기.<br>- 종이에 점을 찍고 점을 지나는 각도기보다 길게 선을 긋는다.<br>- 60°를 찾아 점을 찍고 중심선과 잇기.<br>- 각도 쓰기.  - 명령카드에 찍힌 각도를 찾아 적기. |
| 흥 미 점 | 컴퍼스 장미. |
| 실수정정 | 캠퍼스 장미 그리기에 실패했을 때 |

| | | 지도상의 유의점 |
|---|---|---|
| 변형확대<br>및<br>응 용 | • 각을 찾는 문제를 봉투에 넣어 배치하기<br>- 각도 40°찾아 공책에 적어보자.<br>- $\frac{1}{3}$ 의 각도를 찾아본다.<br>- 35° 40°를 분수로 나타내어 본다. | 분수 원판을 각도기위에 놓을 때 먼저 0°에 맞춘다. |
| | | 관 찰 (아 동 평 가) |
| | | 각도기로 각을 정확하게 잴 수 있는가? |

## 활동(8)

| 주 제 | 세 직선 사이의 관계 | 대상연령 | 9~12세 |
|---|---|---|---|
| 교 구 | 기하막대 상자, 빨강, 파랑, 매직, 세부분 카드, 코르크판 색상압정 | | |
| 목 표 | 직접 | 두 직선과 세 직선 사이의 관계를 안다. | |
| | 간접 | 세 직선 사이에서 일어나는 기하학적 사실을 규명할 수 있다. | |
| 선행학습 | 두 직선 사이의 관계 | | |
| 언 어 | 내부영역, 외부영역, 횡단선, 내각, 외각, 맞꼭지각, 동위각, 엇각, 보각 | | |
| 교구 제시 | | | |

| 활동과정 · (상호작용) | 제시1)내각의 이해<br> 발산 선을 만들고 횡단 선을 놓고 고정시킨다.<br> (횡단 선에 의해 잘린 2개의 평행하지 않은 선)<br>• 내부 영역에서 횡단선과 만나는 각에 흰색 압정을 꽂는다.<br>• "이것들은 내각이다." 명칭카드 제시<br>제시2)외각의 이해<br> 외부영역 내에서 횡단선과 이루는 각에 노란색 압정을 꽂는다.<br>• "이것들은 외각이다." 명칭카드 제시<br>• "내각은 내부 영역, 외각은 외부 영역에 있는 각을 말한다."<br>• 명칭카드 제시<br> - 다른 내 엇각을 찾아 표시하게 한다.<br> - 외부 영역에서 한 쌍의 엇각을 압정으로 표시한다.<br> - "이것들을 외 엇각이라고 한다." 명칭카드 제시<br> - 다른 외 엇각의 쌍을 찾아 표시하게 한다.<br> - 각의 이름을 알고 있는지 확인한다.<br> - 두 막대의 윗쪽과 횡단성이 이루는 각을 찾아 압정으로 표시한다.<br> - "동위각은 인접 각이 아니면서 같은 횡단선 상에 있다. 한 쌍의 동위각 중에서 하나는 외부영역에 있고 하나는 내부 영역에 있다." 명칭카드 제시.<br>제시3)증명해 보게 한다.<br>　　　　　각1과 각4 - 맞꼭지각<br>　　　　　각1과 각8 - 외 엇 각<br>　　　　　각1과 각7 - 외　　각<br>　　　　　각1과 각2 - 보　　각<br>　　　　　각1과 각3 - 보　　각<br>　　　　　각1과 각5 - 동 위 각<br> - 평행선을 가로지르는 횡단선을 그리고 외 엇각을 같은 색으로 색칠하여 선따라 잘라서 맞추어 본 다음 공책에 붙인다.<br> - 내 엇각의 증명, 동위각의 증명, 외각과 내각은 보각이 된다는 것을 위와 같이 증명해 본다. |
|---|---|
| 흥 미 점 | 두 직선과 횡단선에 의해 생긴 각이 여러 종류가 있다는 것. |
| 실수정정 | 세 부분 카드, 3단계 학습법으로 복습. |

| 변형확대 및 응용 | • 여러 종류의 각을 증명해 본다.<br><br>• 각과 각사이의 관계를 설명해 본다. | **지도상의 유의점** |
|---|---|---|
| | | • 아동에게 제시할 때는 수준에 맞게 나누어 지도한다. |
| | | **관 찰 (아 동 평 가 )** |
| | | 각의 명칭과 특징을 잘 알고 있는가? |

### 활동(9)

| 주 제 | 점, 선, 면, 입체에 대한 개념 | 대상연령 | 9~12세 |
|---|---|---|---|
| 교 구 | 기하입체 도형과 받침대 | | |
| 목 표 | 직접 | 면, 선, 점, 입체에 대한 개념을 이해한다. | |
| | 간접 | 입체에 의한 기하학적 이치에 관심을 갖고 응용력을 기른다. | |
| 선행학습 | 평면도형 | | |
| 언 어 | 입체, 부피, 넓이, 평면 | | |
| 교구제시 | | | |

| 활동과정<br>(상호작용) | 제시1) 점에 대한 개념<br>- 흰 종이 위에 점을 찍고 보이는 것에 대해 이야기한다.<br>- 이 점은 길이, 넓이, 높이로도 표현 할 수 없는 무차원적인 형태이다.<br><br>제시2) 면에 대한 개념<br>- 입체에서 면으로 갈 때 받침대를 갖고 설명한다.<br>- 평면은 두께가 없는 상태이다.<br>- 면과 면이 만나면서 경계선이 생긴다.<br>- 입체는 가로, 세로의 길이(넓이)와 높이가 있어 부피를 가진다.<br>- 면은 길이, 넓이를 통해 알 수 있다.<br><br>제시3) 선에 대한 개념<br>- 종이를 준비하여 가는 선을 그리게 한다.<br>- 어느 선이 더 가는지 비교한다.<br>- 너희가 그린 것보다 훨씬 가는 선이다.(교사가 더 가는 선을 그린다.)<br>- 오직 선만(길이만 필요함)으로 표현한다.<br><br>제시4) 입체에 관한 개념<br>- 입체에 대해 제시할 때는 평평한 모양을 갖는 물체를 보여준다.<br>- 입체에 대해 제시할 때는 곡선모양을 갖는 입체를 보여준다.<br>- 입체에 대해 제시할 때는 평평한 곡선모양을 갖는 입체를 보여준다. | |
|---|---|---|
| 흥 미 점 | 종이에 점, 선, 면, 입체를 그려서 표현하는 일 | |
| 실수정정 | 세 부분 카드로 점, 선, 면, 입체를 맞게 제시하지 못할 때 | |
| 변형확대<br>및<br>응 용 | • 입체를 이루고 있는 형태 찾아<br>보기.<br><br>• 그림 그리고 정의 명칭을 써서 소<br>책자 만들기. | **지도상의 유의점**<br>• 9~12세는 입체부터 접근하는 이유는 점, 선은 기하학에 입문할 수 없다.<br>• 입체를 갖는 최소의 단위가 기하학의 입문이다.<br><br>**관 찰 ( 아 동 평 가 )**<br><br>점, 선, 점 입체에 대한 개념을 인지하였는가? |

### 활동(10)

| 주 제 | 선의 측정 | | 대상연령 | 9~12세 |
|---|---|---|---|---|
| 교 구 | 1m 자, 띠종이, 가위<br>1m보다 긴 색줄(1m씩 매듭을 짓거나, 다른 색으로 표시) | | | |
| 목 표 | 직 접 | 1m, 10m의 개념을 알고, meter를 decimeter, dekameter로 환산할 수 있다. | | |
| | 간 접 | 선의 측정. | | |
| 선행학습 | 선의 개념 | | | |
| 언 어 | 선의 다양한 측정 용어<br>cubit, span, foot, yard, inch, rod, decimeter, dekameter, hectometer | | | |
| 교 구 제 시 | | | | |

| | |
|---|---|
| 활동과정<br>(상호작용) | 제시1) 선의 측정 역사<br>- 선사시대에는 선에 대해 묘사할 수 있는 용어가 없었다.<br>- 신체의 일부를 측정의 도구로 사용하였다<br>  1 cubit : 팔꿈치~손끝까지.<br>  1 span : 엄지 끝에서 약지 끝 1뼘.<br>  1 foot : 발끝~발뒤꿈치.<br>  yard : 헨리1세 코끝에서 팔을 펴서 엄지까지.<br>  inch : 엄지의 길이, 에드워드 2세가 옥수수 낱알 3개 늘어놓은 것.<br>  1 Inch : yard의 $\frac{1}{36}$ 로 3,4로 약속<br>  1 rod : 16세기, 교회에서 쓰는 16명의 발바닥을 늘어놓은 32개 발바닥.<br>- 통일된 단위의 필요성(주관적이고 불합리하며 문제점이 생겨서)<br>- 미터법, 가브리엘 마운턴(Gabriel mouton)이 발견했다.<br>제시2) 1m의 개념<br>- 1m의 막대나 자로 제시하면서 '이것은 1m 이다.'<br>- 이것을 10cm씩 10개를 잘라 본다.(자와 매치시키기)<br>- 10cm를 1dm(데시미터)라고도 한다.<br>- 10cm를 10개로 자르면 1cm가 10개가 된다.<br>제시3) 1m보다 더 긴 길이의 개념<br>- 복도나 운동장에서 수업하며 여러 가지 색 끈을 1m씩에 매듭짓거나 다른 색으로 표시하여 10개를 마련하여 1m씩 펴며 길이를 보여준다.<br>- 1m 긴자를 줄에 대어 1m임을 알게 한다.<br>- 10m의 긴 줄을 늘이면서 "1m, 2m, 3m,……10m"라고 말한다.<br>- "1m가 10개 모이면 10m가 된다." 말한 후 빈 종이에<br>  1m×10=10m =1dekameter.<br>  10x10=100m = 1hectometer. |
| 흥미점 | 길이를 추측하여 측정하기. |
| 실수정정 | 단위를 전환하는 문제 해결하기. |

| | | |
|---|---|---|
| 변형확대<br>및<br>응용 | • 10m는 몇 dm인가?<br><br>• 1dm는 몇 cm 인가?<br><br>• 100cm는 몇 m 인가?    1 m<br><br>50dm=(　)cm<br><br>• 전환하는 문제 주기 8km=(　)hectometer | **지도상의 유의점**<br><br>측정단위를 정확히 부를 수 있게 한다.<br><br>**관찰(아동평가)**<br><br>• 선의 측정을 정확히 할 수 있는가?<br>• 측정단위를 이해하는가? |

# 활동(11)

| 주 제 | 영역(region)의 형성 | 대상연령 | 9~12세 |
|---|---|---|---|
| 교 구 | 기하막대 상자, 가위, 빨간색 줄, 기하도형 서랍, 코르크판 | | |
| 목 표 | 직접 | 곡선과 파선으로 만들어진 폐곡선에 대해서 알 수 있다. | |
| | 간접 | 기하학의 기초. | |
| 선행학습 | 선의 부분들 | | |
| 언 어 | 폐곡선, 곡선, 파선 | | |
| 교구제시 | | | |

| | |
|---|---|
| 활동과정<br>(상호작용) | 제시1) 직선<br>- 빨강 실은 보이며(양손에 잡고 늘여서)<br>- 계속되는 선의 이름을 말해 봅시다(직선 ).<br>- "잘랐을 때는 뭐라고 부를까요? (선분-양 끝에 끝점을 가진다.)<br>제시2) 곡선<br>- 빨강 실을 움직여 곡선 만들기.<br>- 손으로 안과 밖으로 따라 움직이기.<br>- 손을 자유자재로 가져갈 수 있다.<br>제시3) 파선<br>- 기하막대로 파선 만들기.<br>- 손으로 안과 밖을 자유자재로 움직일 수 있다.<br>제시4) 폐곡선<br>- 곡선을 연결하여 폐곡선 만들기.<br>- 선 밖으로 나가려면 선을 뛰어 넘지 않으면 안 된다.<br>• 파선으로 폐곡선 만들기.(삼각형)<br>• 곡선과 파선으로 만들어진 폐곡선 도형은 다르게 표현할 수 있다.<br>• 곡선은 무한한 변을 가지고 있다.<br>• 기하도형 서랍에서 곡선으로 이루어진 원 형태의 도형은 원, 타원이 있다.<br>• 파선은 변과 각을 가지고 있다.<br>• 각이 있는 도형을 찾아오자.(다각형 서랍 가져오기)<br>• 삼각형, 사각형 명칭을 알아본다.<br>• 5, 6, 7, 8각형으로 점점 진행될수록 원에 가깝다.<br>• 세 부분 카드로 3단계 학습하기. |
| 흥미점 | 실과 기하막대로 폐곡선 만들기. |
| 실수정정 | 세 부분 카드. |

| | | |
|---|---|---|
| 변형확대<br>및<br>응용 | • 기하막대로 다각형 만들어 보기.<br>• 그림 그리고 명칭정의 써서 소책자 만들기. | **지도상의 유의점** |
| | | 삼각형에서 시작하는 이유는 최소한의 변과 각이 있는 도형이기 때문이다. |
| | | **관찰 (아동평가)** |
| | | 곡선과 파선으로 만들어진 폐곡선을 이해하는가? |

## 활동(12)

| 주 제 | 다각형 공부의 시작 | 대상연령 | 9~12세 |
|---|---|---|---|
| 교 구 | 기하막대, 기하도형 서랍, 코르크판 | | |

| 목 표 | 직 접 | 기하 막대로 정다각형을 만들 수 있다. |
|---|---|---|
| | 간 접 | 수많은 다각형 구조의 이치에 관심을 갖는다. |

| 선행학습 | 파선으로 만들어진 폐곡선 |
|---|---|

| 언 어 | 정다각형 |
|---|---|

| 교구제시 | |
|---|---|

| | |
|---|---|
| **활동과정**<br>**(상호작용)** | 제시1) 다각형에 대한 개념을 알아본다.<br>• 한 개의 기하막대로 도형을 만들 수 있을까?<br>• 두 개의 기하막대로 도형을 만들 수 있을까?<br>• 세 개의 기하막대로 도형을 만들 수 있을까?<br>• 여러 가지 다각형을 만들어 보자.<br>• 4개, 5개,…, 10개까지의 정다각형을 만들어 본다.<br><br>제시2) 삼각형에서 십각형까지 만들어 본 후 기하도형서랍의 다각형 서랍을 꺼내 만든 도형과 연계시켜본다.<br>- 기하도형카드(세 부분카드)를 이용해 명칭과 정의를 학습한다.<br>- 기하막대로 만든 도형에 명칭카드를 놓아 본다.<br>- 정의카드를 읽으면서 매치시켜 본다. |
| **흥미점** | 기하막대로 정다각형을 만들어 보는 일 |
| **실수정정** | 여러 가지 다각형 구성의 이치를 감지하지 못하였을 때 |

| | | 지도상의 유의점 |
|---|---|---|
| **변형확대**<br>**및**<br>**응 용** | • 공책에 기하도형 서랍의 모양을 대고 그리기<br><br>• 코르크 판 찍기. (예)<br>- 흰 종이를 대고 원하는 다각형의 모양대로 핀 침으로 찍어서 나타내 본다. | 기하막대의 크기가 같은 것으로 정다각형을 만들게 한다. |
| | | **관찰 (아동평가)** |
| | | 기하막대로 정다각형을 만들 수 있는가? |

## 활동(13)

| 주 제 | 삼각형(triangles)의 종류 | 대상연령 | 9~12세 |
|---|---|---|---|
| 교 구 | 기하막대상자, 빈 종이카드, 세 부분카드 | | |
| 목 표 | 직접 | 변의 길이에 따라 삼각형의 이름이 달라짐을 이해한다. | |
| | 간접 | 삼각형의 이치를 실생활에 적용하는 사고력을 기른다. | |
| 선행학습 | 선의 부분 | | |
| 언 어 | 정삼각형, 이등변삼각형, 부등변삼각형 | | |
| 교구제시 | | | |

| | |
|---|---|
| 활동과정<br>(상호작용) | • 삼각형의 종류에 대해서 알아본다.<br>• 삼각형의 조건은 무엇인가?<br>• 삼각형을 구체적으로 인식시키기.<br>제시1)3개의 길이가 다른 막대를 꺼내어 부등변 삼각형 만들기<br>  - 명칭카드 제시<br>제시2)2개의 길이가 같은 막대와 길이가 다른 1개의 막대로 이등변 삼각형 만들어 본다.<br>  제시3) 3개의 길이가 같은 막대로 정삼각형을 만들어 본다.<br>• 아동에게 여러 색깔의 막대를 주어 다양한 삼각형을 만들게 한다.<br>• 변을 중점으로 삼각형을 살펴본다.<br>• 명칭카드와 정의카드를 매치시켜 본다.<br>제시4)세 부분카드로 3단계 학습을 한다.<br>• 공책에 그려보기.<br>• 여러 가지 삼각형의 이름을 쓰고 그 특징을 써 본다.<br>• 여러 가지 삼각형의 특징을 실생활에 적용하는 아이디어를 써 본다. |
| 흥미점 | 길이에 따라 삼각형의 이름이 달라지는 점. |
| 실수정정 | 삼각형 변의 길이가 합당치 않으면 삼각형이 만들어지지 않는다. |

| | | |
|---|---|---|
| 변형확대<br>및<br>응용 | 예각, 이등변삼각형, 부등변삼각형 만들기,<br>직각이등변삼각형, 직각부등변삼각형, 둔각이등변삼각형, 둔각부등변삼각형의 소책자 만들기 | **지도상의 유의점**<br>• 아동에게 삼각형을 만들게 하여 명칭을 말하여 보게 한다.<br>• 교사가 쓰고 작업하는 가운데 아동에게 생각할 수 있는 기회를 제공한다. |
| | | **관찰(아동평가)** |
| | | 막대의 길이를 이용하여 다양한 삼각형을 만들 수 있는가? |

## 활동(14)

| 주 제 | 삼각형의 각 | 대상연령 | 9~12세 |
|---|---|---|---|
| 교 구 | 기하막대 상자, 빈 종이카드, 콜크판 | | |
| 목 표 | 직접 | 각과 관련 삼각형을 만들 수 있다. | |
| | 간접 | 여러 가지 형태로 삼각형을 변형시킬 수 있다. | |
| 선행학습 | 삼각형의 종류 | | |
| 언 어 | 직각삼각형, 둔각삼각형, 예각삼각형 | | |
| 교구제시 | | | |

| | |
|---|---|
| 활동과정<br>(상호작용) | 제시1) 직각삼각형을 만들기.<br>(오렌지, 검정막대, 빨강막대를 선택)<br>- 색을 알려주어 선택하게 한다.<br>- 오렌지와 빨강을 고정시킨 후 직각표시로 확인한 후 검정 막대를 잇는다.<br>- 명칭카드 제시하기.<br>제시2) 예각 삼각형 만들기.<br>- 각도기를 대어서 직각 삼각자로 90°확인<br>- 각각의 크기가 다른 것을 만들어 세 각이 각각 90°가 안 되는 것을 만들어 본다.<br>제시3) 둔각 삼각형 만들기.<br>- 두 개의 막대를 합쳐서 직각이 넘게 만들도록 한다.<br>• 세 부분카드를 이용하여 3단계 학습하기.<br>• 공책에 그려보기. |
| 흥미점 | 세 가지의 색 막대로 삼각형을 만들어 보는 일 |
| 실수정정 | 삼각형의 특징을 모를 때. |

| 변형확대 및 응용 | 각에 따른 삼각형의 이름과 변에 따른 삼각형의 이름을 지어본다. | 지도상의 유의점 |
|---|---|---|
| | | 예각을 만들 때 오류 발생에 신중을 기한다. |
| | | 관찰 (아동평가) |
| | | 직각, 예각, 둔각 삼각형을 정확히 만들 수 있는가? |

## 활동(15)

| 주 제 | 삼각형의 변과 각 | 대상연령 | 9~12세 |
|---|---|---|---|
| 교 구 | 기하막대 상자, 빈종이 카드, 세 부분카드, 코르크판 | | |
| 목 표 | 직 접 | 각과 변에 관련하여 삼각형을 이해한다. | |
| | 간 접 | 삼각형의 내각의 합을 이해한다. | |
| 선행학습 | 삼각형의 각 | | |
| 언 어 | 정변, 이등변, 부등변, 예각, 직각, 둔각 | | |
| 교구제시 | | | |

| 활동과정<br>(상호작용) | • 직각 이등변 삼각형 만들기.<br><br>– 두 개의 막대로 직각을 만든 후 맞는 막대로 잇기.(이때 색이 없는 막대로만 맞출 수 있음)<br>• 우리가 흔히 구성할 수 있는 삼각형은<br>– 정삼각형, 예각이등변삼각형, 예각부등변삼각형, 둔각이등변삼각형, 둔각부등변삼각형, 직각이등변삼각형, 직각부등변삼각형 7가지 중 하나이다.<br><br>• 3부분 카드를 이용하여 3단계 학습하기.<br>• 아동에게 삼각형을 만들게 한 후 어느 삼각형에 해당되는지 알아보게 한다.<br>• 조건에 맞는 삼각형 만들어 본다.<br><br>• 아동에게 그려보게 하고 어디에 해당하는지 명칭을 써 본다.<br>• 공책에 정의 써보기. | |
|---|---|---|
| 흥미점 | 각과 변을 보고 삼각형의 이름을 붙여 보기 | |
| 실수정정 | 삼각형의 특징에 관심이 없을 때 | |
| 변형확대<br>및<br>응용 | 삼각형과 삼각형을 이어 붙여서 사각형을 만들어 본다. | **지도상의 유의점**<br><br>삼각형을 구성할 때 두 개의 막대를 먼저 고르고 맞춘 후 맞는 막대로 이어 본다.<br><br>**관찰 (아동평가)**<br><br>• 다음 삼각형은 어느 삼각형에 해당되는가?<br>• 삼각형을 이루는 변과 각의 중요성을 감지하는가? |

## 활동(16)

| 주 제 | 삼각형의 부분들 | 대상연령 | 9~12세 |
|---|---|---|---|
| 교 구 | 세 부분카드, 가하막대상자, 미터자, 종이와 연필, 코르크판 | | |
| 목 표 | 직접 | 세 개의 길이가 다른 삼각형을 만들고 그 부분들의 명칭을 안다. | |
| | 간접 | 두 개의 길이가 같은 막대와 다른 막대로 삼각형을 만들고 부분들의 명칭을 알 수 있다. | |
| 선행학습 | 폐곡선 도형 | | |
| 언 어 | 변, 각, 꼭지 점, 밑변, 변, 둘레, 면적 | | |
| 교구제시 | (각, 변, 높이, 면적, 꼭지점, 밑변이 표시된 삼각형 그림과 Le, 빗이 표시된 직각삼각형 그림) | | |

- 140 -

| 활동과정<br>(상호작용) | 제시1)삼각형을 제시하고 부분 명칭을 알아본다.<br>• 삼각형 서랍을 준비하고 명칭카드를 제시한다.<br>• 삼각형의 명칭을 묻고 어떤 종류의 삼각형을 골라보게 한다.<br> .(어떻게 표현하든 받아들인다.)<br>• 세 개의 막대로 삼각형을 만들어 본다.<br>• 삼각형의 변들은 선분으로 이루어진 선분들을 삼각형의 '변'이라고 한다.<br>• 각이 몇 개인지 묻는다.<br>제시2) 꼭지점<br>• "각을 이루는 점들을 **'꼭지점'**이라고 한다. ("꼭지점' 제시)<br>제시3)밑변<br>• 삼각형의 밑변을 말해 주며 삼각형을 이리저리 돌려 세 변이 모두 **'밑변'**이 될 수 있음을 말해준다.<br>제시4)둘레<br>• 삼각형 둘레 선분의 길이를 **'둘레'** 라고 한다.<br>제시5)면적<br>• 삼각형 내부의 공간을 삼각형의 **'면적'**임을 알려준다.<br>• **꼭지점**을 가리켜 보세요. 3단계 학습을 한다.<br>• 부등변 삼각형을 그린 후 각 부분을 그리고 명칭을 쓰고 정의를 적어본다. | | |
|---|---|---|---|
| 흥 미 점 | 삼각형의 부분명칭을 불러 보는 것. | | |
| 실수정정 | 세 부분카드. | | |
| 변형확대<br>및<br>응 용 | • 다양한 삼각형으로 무늬 꾸미기.<br>• 여러 부분들을 크기가 다르게 그려보기. | **지도상의 유의점** |
| | | 삼각형의 밑변은 세 변 중 어느 것이나 될 수 있다. |
| | | **관 찰 (아 동 평 가 )** |
| | | 삼각형을 잘 만들고 여러 부분들의 이름을 잘 알고 있는가? |

## 활동(17)

| 주 제 | 삼각형의 높이와 직각삼각형의 특별한 부분 | 대상연령 | 9~12세 |
|---|---|---|---|
| 교 구 | 기하도형서랍, 빈 종이카드, 추선 | | |
| 목 표 | 직접 | 삼각형들의 높이와 직각 삼각형의 특별한 부분을 알 수 있다. | |
| | 간접 | 직각삼각형의 빗변, 밑변, 높이를 구별할 수 있다. | |
| 선행학습 | 삼각형의 변 | | |
| 언 어 | 빗변, 밑변, 높이 | | |
| 교구제시 | | | |

| | |
|---|---|
| **활동과정**<br>**(상호작용)** | • 삼각형의 높이와 직각 삼각형의 특별한 부분을 알아본다.<br>제시1) 기하도형 서랍의 삼각형을 각 변들을 차례로 놓아 꼭지 점을 지나고 밑변에 수직선이 되게 추선을 늘어뜨려 높이를 보여준다.<br>• 삼각형의 모든 변은 밑변이 될 수 있음을 알려준다.<br>• 삼각형 서랍에서 여러 삼각형들을 골라 높이를 찾아보게 한다.<br>제시2) 직각 삼각형의 특별한 부분들을 찾아본다.<br>- 직각 삼각형을 그려 본다.<br>- 추선을 늘어뜨리기.<br>- 높이와 한 변이 중복됨을 주시 한다..<br>- 직각과 대응하는 변을 무엇이라고 하나? (빗변)<br>• 기하도형 서랍에서 부등변삼각형을 선택하여 공책에 그려 본다.<br>- 이 삼각형의 이름을 써 본다.<br>- 눈으로 정확하지 않을 때는 자로 측정한다.<br>- 추선을 늘어 뜨려 높이를 찾아본다. |
| **흥미점** | 삼각형의 세 변이 모두 밑변이 될 수 있음을 보는 것. |
| **실수정정** | 삼각형의 높이에 대한 개념이 서지 않았을 때 |

| | | |
|---|---|---|
| **변형확대**<br>**및**<br>**응 용** | • 직각삼각형은 추선과 높이가 중복이 되게 한다.<br>• 삼각형의 이름 알기.<br>• 무게 중심 찾기 | **지도상의 유의점** |
| | | • 부등변삼각형을 택함이 더욱 이해하기에 좋다.<br>• 높이가 외부로 나가는 경우도 지도한다. |
| | | **관찰 (아동평가)** |
| | | 삼각형의 높이 개념을 이해하고 있는가? |

## 활동(18)

| 주 제 | 삼각형의 구성 | 대상연령 | 9~12세 |
|---|---|---|---|

| 교 구 | 기하막대(노랑, 갈색, 보라색, 빨간색, 초록색,)종이카드, 미터자 |
|---|---|

| 목 표 | 직 접 | 삼각형의 가장 큰 변의 길이는 두변의 길이의 합보다 작음을 안다. |
|---|---|---|
| | 간 접 | 삼각형에 대한 관심과 응용력을 기른다. |

| 선행학습 | 삼각형의 부분들 |
|---|---|

| 언 어 | 삼각형의 구성 |
|---|---|

| 교구제시 | |
|---|---|

| 활동과정<br>(상호작용) | 제시1) 삼각형의 세변의 길이<br>• 기하막대 노랑, 갈색, 보라색을 선택한다.<br>  - 노란색 : 20cm, 보라색 : 4cm, 갈색 : 2cm 세 막대의 구성결과를 예상해 본다.<br>• 노란색 막대와 보라색 막대 연결해 본다.<br>• 갈색을 노란색에 연결하기.<br>• 삼각형 형성이 되지 않는다.<br>• 길이를 재어보게 한다.(20 > 4 + 2)<br>• 20cm 한 변의 길이가 두 변의 길이(4cm + 2cm)가 짧다. 따라서 '두 변의 합이 가장 긴 한 변의 길이보다 커야 한다. 또는 가장 긴 변의 길이는 두 변의 합보다 작아야 한다.<br>제시2) 기하막대 중에서 갈색 : 12cm, 노란색 : 20cm, 빨간색 : 8cm 짜리를 선택한다.<br>• 기하막대 노란색과 갈색의 연결.<br>• 노란색과 빨간색의 연결.<br>• 삼각형이 형성이 안 된다. 두 변과 노란색이 합쳤을 때 같다.(20 = 8 + 12)<br>• 노란색과 갈색, 노란색과 초록막대로 삼각형 만들기.(노란:14, 갈색:12, 초록:20)<br>• 가장 큰 변의 길이는 두 변의 길이보다 작아야 함을 증명한다. (20 < 12+14)<br>• 종이 카드에 써서 제시한다. |
|---|---|
| 흥 미 점 | 가장 큰 변의 길이는 두 변 길이의 합보다 작다. |
| 실수정정 | 삼각형 구성 조건을 인지하지 못할 때 |

| 변형확대<br>및<br>응 용 | • 세 변의 길이를 제시하고 삼각형을 컴퍼스를 이용하여 그려보기. | 지도상의 유의점 |
|---|---|---|
| | | 도형의 성질을 증명하는 단계에 이르러야 한다. |
| | | 관 찰 ( 아 동 평 가 ) |
| | | 삼각형의 가장 큰 변의 길이는 두변의 길이의 합보다 작음을 아는가? |

### 활동(19)

| 주 제 | 정삼각형 구성 | 대상연령 | 9~12세 |
|---|---|---|---|
| 교 구 | 큰 종이, 컴퍼스 자, 연필 | | |
| 목 표 | 직접 | 컴퍼스로 정삼각형을 그려보고 세 변, 세 각의 크기가 같음을 확인한다. | |
| | 간접 | 컴퍼스를 능숙하게 사용하여 여러 가지 도형을 그려보고 정삼각형의 이치를 생활에 응용할 수 있다. | |
| 선행학습 | 삼각형의 구성 | | |
| 언 어 | 끝점 호 | | |
| 교구제시 | | | |

- 146 -

| | |
|---|---|
| 활동과정<br>(상호작용) | • 컴퍼스로 크고 작은 정삼각형을 그려보자(제시물도 보여준다)<br>• 정삼각형의 성질을 알아보기(정의 카드 제시)<br>제시1)종이 위에 선 그리기.<br>• 컴퍼스로 그린 선분의 길이 측정하기.<br>• 이 컴퍼스로 한 끝점에서 호 그리기.<br>• 다른 끝점에서 호 그리기.<br>• 교차점을 찍고 양끝 점을 연결시키기.<br>제시2)밑변을 재어보고 다른 두 변도 재어보고 증명한다.<br>  - 세 변의 길이가 같다.<br>• 컴퍼스의 너비로 두 개의 꼭지 점에서 확인하기.(길이가 같다.) |
| 흥 미 점 | 컴퍼스로 양 끝점에서 그린 호 끼리 만나는 점 찾기. |
| 실수정정 | 컴퍼스의 너비로 세 변의 길이가 같음을 확인할 때 |

| | | |
|---|---|---|
| 변형확대<br>및<br>응 용 | 컴퍼스를 이용하여 크고 작은 정삼각형을 이용한 모양 꾸미기. | **지도상의 유의점** |
| | | 컴퍼스를 사용할 때 중심을 잘 잡는다. |
| | | **관 찰 (아 동 평 가 )** |
| | | 컴퍼스를 이용하여 정삼각형을 그릴 수 있고 정삼각형의 조건을 찾을 수 있는가? |

## 활동(20)

| 주 제 | 삼각형의 높이 | 대상연령 | 9~12세 |
|---|---|---|---|
| 교 구 | 세 부분카드, 추, 실, 기하도형서랍의 삼각형서랍(정삼각형, 직각이등변삼각형, 직각부등변삼각형, 둔각부등변삼각형), 콜크판 | | |
| 목 표 | 직 접 | 삼각형의 높이를 잴 수 있다. | |
| | 간 접 | 여러 가지 삼각형의 높이를 알 수 있다. | |
| 선행학습 | 삼각형의 구성 | | |
| 언 어 | 높이, 빗변, 수선, 내부, 외부, 밑변 | | |
| 교구제시 | 둔각삼각형 | | |

| | |
|---|---|
| **활동과정**<br>**(상호작용)** | 제시1)구성 삼각형 상자 5번 교구에서 제시한 4개의 삼각형 꺼내놓기.<br>• "이 삼각형의 높이를 재보자!" (정삼각형을 제시하고)<br>• 추선을 핀에 고정시킨다. (정삼각형의 세 변을 돌려가며 알아보기)<br>• 높이가 다 같고 높이가 모두 삼각형의 내부에 있다.<br>• 직각 이등변 삼각형 높이 재보기.<br>  - 직각 되는 두 변의 높이가 선과 일치한다.<br>제시2)직각 부등변 삼각형<br>  - 빗변으로 했을 때 눈 높이가 내부에 있다.<br>  - 직각 긴 변 수선과 높이 일치한다.<br>  - 직각 짧은 변 수선과 높이 일치한다.<br>  - 직각 부등변 짧은 수선의 두 변은 높이가 일치하고 빗변은 내부에 높이가 형성된다.<br>제시3)둔각 부등변 삼각형<br>  - 짧은 변을 밑변으로 했을 때, 높이는 외부에 있다.<br>  - 둔각 부등변 삼각형은 두 개의 높이는 외부에 있고, 가장 긴 변을 밑변으로 했을 때 내부에 있다.<br>제시4)삼각형 7가지 형태의 높이에 대한 위치 찾기<br>  - 아동에게 공책에 도표를 그려보게 한다.<br><br>| 삼각형의 종류 | 안 쪽 | Leg와 일치 | 바깥 쪽 |<br>|---|---|---|---|<br>| 정 삼각형 | 3 | 0 | 0 |<br>| 예각 이등변 삼각형 | 3 | 0 | 0 |<br>| 예각 부등변 삼각형 | 3 | 0 | 0 |<br>| 직각이등변 삼각형 | 1 | 2 | 0 |<br>| 직각 부등변 삼각형 | 1 | 2 | 0 |<br>| 둔각 이등변 삼각형 | 1 | 0 | 2 |<br>| 둔각 부등변 삼각형 | 1 | 0 | 2 |<br><br>- 삼각형의 높이에 대한 정의카드 만들기 |
| **흥미점** | 추가 달린 실을 늘어뜨려 높이를 찾아보는 것. |
| **실수정정** | 자신이 만들 삼각형의 높이에 대한 정의 내용의 오류 발견이 안 될때 |

| | | |
|---|---|---|
| **변형확대**<br>**및**<br>**응 용** | • 여러 가지 삼각형에서 높이를 찾아 표시해 본다.<br><br>• 높이의 성격을 설명해 보고 글로 써 본다. | **지도상의 유의점**<br><br>아동들이 직접 조작하여 개념을 확실히 익히게 한다.<br><br>**관찰 (아동평가)**<br><br>여러 가지 삼각형에서 높이를 찾을 수 있는가? |

## 활동(21)

| 주 제 | 삼각형의 높이 그리기 | 대상연령 | 9~12세 |
|---|---|---|---|
| 교 구 | 7개의 삼각형이 그려진 종이, 자, 캠퍼스 | | |
| 목 표 | 직 접 : 컴퍼스와 자를 이용해 높이를 구할 수 있다.<br>간 접 : 사다리꼴의 높이를 구 할 수 있다. | | |
| 선행학습 | 삼각형의 종류와 높이를 구하기 | | |
| 언 어 | 교차점, 꼭지 점, 밑변, 호 | | |
| 교구제시 | | | |

- 150 -

| 활동과정<br>(상호작용) | 제시1)삼각형의 높이 측정<br>• 컴퍼스와 자를 이용한 삼각형의 높이 그리기<br>• 정삼각형 꺼내놓기.<br>- 꼭지 점에서 한 변보다 짧게 밑변을 지나가는 호를 그려서 점찍기.<br>- 밑변의 교차점에 꼭지 점과 반대쪽에 호를 양쪽에서 그리기.<br>- 새로 만난 꼭지 점과 삼각형의 꼭지 점을 이어서 밑변까지만 그린 선이 높이가 된다.<br>제시2)직각 부등변 삼각형<br>- 꼭지 점에서 밑변에 호 그리기.<br>- 한쪽은 밑변을 연장해서 호 표시하기(바깥에 형성됨.)<br>- 정삼각형의 방법과 같다.<br>- 이때 Leg와 일치하게 된다.<br>제시3)둔각 부등변 삼각형<br>- 밑변을 연장시킨다.<br>- 밑변에 대응하는 꼭지 점에서 호를 그린다.<br>- 밑변을 연장시킨다.<br>- 교차점에서 호를 그리기.<br>- 새로운 맞꼭지각에 선을 연결시키는데(높이가 된다) 밑변까지만 그린다. | | |
|---|---|---|---|
| 흥 미 점 | 교차점에서 호를 그리는 것. | | |
| 실수정정 | 높이가 밑변이나 밑변의 연장선과 수직인 관계를 이해하지 못할 때. | | |
| 변형확대<br>및<br>응 용 | • 여러 가지 삼각형 모양으로 높이를 나타내어 색연필로 표시한다. | **지도상의 유의점** | |
| | | • 창의적으로 고안하여 응용하는 단계로 접근한다.<br>• 삼각형의 높이의 개념을 알아야 한다. | |
| | | **관 찰 ( 아 동 평 가 )** | |
| | | 컴퍼스와 자를 이용해 높이를 구할 수 있는가? | |

### 활동(22)

| 주 제 | 삼각형의 수심 | 대상연령 | 9~12세 |
|---|---|---|---|
| 교 구 | 추선, 7가지 삼각형(종이에 그려서 오린 것), 빨간 연필, 자, 종이, 풀, 코르크 판, 높이라고 쓰여 진 카드 | | |
| 목 표 | 직 접 | 여러 가지 삼각형들의 수심을 찾을 수 있다. | |
| | 간 접 | 삼각형 수심의 의미를 알고 생활에 적응력을 기른다. | |
| 선행학습 | 삼각형의 높이 찾기 | | |
| 언 어 | 수심 | | |
| 교구제시 | (삼각형 그림: 수심찾기) | | |

- 152 -

| | |
|---|---|
| 활동과정<br>(상호작용) | 제시1) • 삼각형의 수심 찾기<br>• 7가지 삼각형 그림이 있는 종이 나열하기.<br>• 각각 삼각형의 이름을 쓴다.<br>• 이중에서 '예각부등변 삼각형'을 큰 종이 위에 놓는다.<br>• 추선을 고정시키고 코르크판을 세운 뒤, 큰 종이 아래 선과 밑변을 일치시킨 후 꼭지 점과 일치시킨다.(추선 따라 선 그린다)<br>• 다른 두 변도 같은 방법으로 한다.<br>  세 선이 만나는 점이 「수심」이다.<br>• 수심의 정의 내리기<br> - "세 꼭지 점에서 각각 밑변과 수직인 선을 그을 때, 세 선이 만나는 점이다."<br>• 나머지 도형도 위와 같이 작업 한 후 공책에 7가지 형태(작업한 삼각형)를 붙이고, 수심을 표시한다.<br>• 둔각 부등변 삼각형은 수심이 외부에서 생긴다. 그 까닭을 연구해 본다. |
| 흥 미 점 | 추선으로 높이를 찾는 일 |
| 실수정정 | 높이가 밑변과 수직임을 확인하지 못할 때 |

| | | |
|---|---|---|
| 변형확대<br>및<br>응 용 | 공책에 그려서 수심을 찾아본다. | **지도상의 유의점** |
| | | 둔각 부등변 삼각형은 수심이 외부에 생김을 알아본다. |
| | | **관 찰 ( 아 동 평 가 )** |
| | | 삼각형의 수심들을 찾을 수 있는가? |

## 활동(23)

| 주 제 | 삼각형의 내심 | 대상연령 | 9~12세 |
|---|---|---|---|

| 교 구 | 7가지 삼각형 확대한 그림, 컴퍼스 |
|---|---|

| 목 표 | 직 접 | 삼각형의 내심을 찾을 수 있다. |
|---|---|---|
| | 간 접 | 삼각형의 내심을 보고 생활에 이용할 수 있는 사고력을 기른다. |

| 선행학습 | 각의 이등분 |
|---|---|

| 언 어 | 내심, 호, 교차점 |
|---|---|

| 교구제시 | 내 심 |
|---|---|

| | |
|---|---|
| 활동과정<br>(상호작용) | 제시1) 삼각형의 내심 찾기<br>• 내심의 의미 알아보기<br>• 각을 이등분하기<br>  - 두 선을 이용하여 각을 이루게 그린다.<br>  - 컴퍼스로 반지름을 결정하며 각의 선분에 교차하도록 호를 그린다.<br>  - 교차점에서 내부영역에서 다시 호를 그린다.<br>  - 다시 그린 호의 교차점과 각의 꼭지점을 잇는다.(이선을 각 이등분이라 한다.)<br>제시2) 삼각형의 내심 찾기<br>  - 정의카드 제시하기 삼각형의 세 각을 이등분하여 만나는 점이 내심이다.<br>  - 정삼각형의 내심은 수심과 같다.<br>  - 둔각 부등변 삼각형, 직각 이등변 삼각형의 내심을 그리고 세 부분카드 확인하기.<br>  - 내심은 건물의 중심을 찾을 때 이용한다.<br>• 여러 가지 삼각형을 그려보고 내심을 구하여 적색으로 표시 해 본다. |
| 흥미점 | 각을 이등분하여 합했을 때 이등분 전의 각과 같음을 인지하지 못할 때 |
| 실수정정 | 세 부분카드. |

| 변형확대 및 응용 | 입체 피라미드에서의 중심 찾기. | 지도상의 유의점 |
|---|---|---|
| | | 아동들의 수준에 따라 학습의 양을 조절한다. |
| | | 관찰(아동평가) |
| | | 삼각형의 내심을 찾을 수 있는가? |

## 활동(24)

| 주 제 | 삼각형 내각의 합 | 대상연령 | 9~12세 |
|---|---|---|---|
| 교 구 | 7가지 형태의 삼각형 각1쌍씩, 가위, 풀, 빨간색연필 ||||
| 목 표 | 직 접 | 삼각형의 내각의 합이 180°임을 확인한다. |||
|  | 간 접 | 다각형의 내각의 합을 알 수 있다. |||
| 선행학습 | 삼각형의 내각 ||||
| 언 어 | 내각 ||||
| 교구제시 | 직각부등변삼각형<br><br>둔각부등변삼각형 ||||

| | | | |
|---|---|---|---|
| **활동과정<br>(상호작용)** | • 삼각형의 내각의 합을 알아본다.<br>제시1)똑같은 삼각형이 2쌍씩 있는 유인물을 잘라서 준비한다.<br>• 삼각형의 이름을 명칭카드로 제시하기.<br>제시2)직각부등변 삼각형의 각에 색칠하기(2개)<br>  - 하나는 그대로 오려 붙인다. → 표본이 된다.<br>  - 하나는 각을 오려 모아 붙인다.<br>  - 발견한 것을 쓰게 한다.<br>  - 직각 부등변 삼각형의 내각의 합은 180°이다.<br>• 7가지 삼각형을 작업한 후<br>  - 발견한 점에 대해 이야기하기(공통된 규칙 찾기)<br>• 모든 삼각형 세 내각의 합은 180°이다. | | |
| **흥 미 점** | 삼각형의 세 각을 모아 붙이기. 직각을 여러 개의 각으로 나눠 보는 일 | | |
| **실수정정** | 삼각형의 내각의 크기를 알지 못할 때 | | |
| **변형확대<br>및<br>응 용** | 다각형의 내각도 모아 붙여 보고 내각의 합 알아보기. | **지도상의 유의점** | |
| | | 모든 삼각형의 세 각의 합이 180°임을 조작을 통하여 확실히 한다. | |
| | | **관 찰 (아 동 평 가)** | |
| | | 삼각형의 내각의 합이 180°임을 아는가? | |

## 활동(25)

| 주 제 | 사각형 | 대상연령 | 9~12세 |
|---|---|---|---|
| 교 구 | 5개의 봉투(각각의 봉투는 실로 만들어진 원을 포함), 봉투 1은 가장 큰 원을 가지고 있고, 봉투 2는 그 다음 큰 원, 봉투3은 그 다음 큰 원..<br>사각형의 6가지 형태를 마분지로 만든 것, 부등변 사각형, 사다리꼴, 평행사변형, 직사각형, 마름모, 정사각형 |||
| 목 표 | 직접 | 사각형의 형태를 안다. ||
| | 간접 | 모든 사각형이 원안에 속해 있음을 이해한다. ||
| 선행학습 | 삼각형의 변과 각 |||
| 언 어 | 사각형, 사다리꼴, 평행사변형, 직사각형, 정사각형, 마름모 |||
| 교구제시 | (그림: 동심원 안에 사각형들이 배치된 도해, 부등변사각형) |||

| | |
|---|---|
| 활동과정<br>(상호작용) | 제시1) 종이사각형의 6가지 도형을 러그 위에 놓기.(봉투에 들어있음)<br>• 각 사각형의 이름 말해보기.(명칭 카드 제시하기)<br>• 봉투에서 가장 큰 원을 꺼내 놓기.<br>• 부등변 4각형을 들어 보이며 "이것은 "변과 각이 다 다릅니다."하고 원 끝에 놓는다.<br>• "모든 사각형이 원에 속한다."<br>제시2) 봉투2의 노란 끈으로 큰 원 안에 작은 원 만들기.<br>- 사다리꼴 사각형을 보이면서 정의를 얘기하기 "마주보는 변의 서로 평행한 사각형이다."<br>제시3) 노란 끈 안에 놓기.<br>- 봉투 3에서 초록색실을 꺼내어 노란 끈 안에 원 만들기<br>- 아동에게 평행사변형을 찾게 한다.<br>- 평행사변형 보이면서 정의 내리기.<br>- 마주보는 두 변이 서로 평행 한다.<br>제시4) 초록색실을 원안에 놓기.<br>- 이 평행사변형은 부등변사각형과 사다리꼴에 속한다.<br>- 봉투4에서 빨간색 실을 꺼내어 원 만들기.<br>제시5) 빨간색 실을 안쪽에 놓기.<br>- 마름모를 찾아와라.<br>- 마름모의 정의 말하기.<br>- 봉투 5에서 흰색 실을 꺼내면서 빨간 실과 교차되게 놓는다.<br>- 직사각형의 정의 말하기<br>제시6) 흰색실 안에 놓기<br>- 정사각형을 갖고 오게 한다.<br>- 교차되는 곳에 놓기 "이 정사각형의 정의 말하기" 포함 관계 말하기. |
| 흥 미 점 | 사각형의 포함관계가 달라지는 것. |
| 실수정정 | 원안에 사각형이 포함된다는 이치를 모를 때. |

| 변형확대<br>및<br>응 용 | • 공책에 그림 그리기.<br><br>• 기호를 사용하여 서로 포함 관계 알아보기기.<br>(부등변사각형 ⊃ 사다리꼴 ⊃ 평행사변형 ⊃ (마름모 ∩ 직사각형) = 정사각형) | 지도상의 유의점 |
|---|---|---|
| | | 정의를 통해 포함관계를 명확히 한다. |
| | | 관 찰 (아 동 평 가) |
| | | 사각형의 형태를 잘 이해하는가? |

**활동(26)**

| 주 제 | 사각형에 대한 연구<br>(사각형의 부분들) | | 대상연령 | 9~12세 |
|---|---|---|---|---|
| 교 구 | 기하막대상자, 추선, 받침대, 세 부분카드, 빈종이 카드, 압정, 자, 코르크판 | | | |
| 목 표 | 직 접 | 사각형의 부분들(각, 꼭지 점, 밑변, 둘레, 면적, 높이 대각선)을 알 수 있다. | | |
| | 간 접 | 각, 꼭지 점, 밑변, 둘레, 면적, 높이 대각선의 의미를 알 수 있다. | | |
| 선행학습 | 사각형의 형태 | | | |
| 언 어 | 각 꼭지 점, 밑변, 둘레, 면적, 높이, 대각선 | | | |
| 교 구 제 시 | (그림: 코르크판 위의 사각형 - 꼭지점, 면적, 콜크판, 높이, 대각선, 각 표시) | | | |

| | |
|---|---|
| -활동과정<br>(상호작용) | • 명칭카드(6종류 사각형)를 주며 기하막대를 만든다.<br>제시1)명칭카드 놓기.<br>- 특징, 정의 말하기(한 개씩 만들어 놓은 후)<br>제시2)다음 기하막대로 사각형을 만든다.<br>- 사각형을 볼 때는 각 변의 형태를 생각해야 한다.<br>- 부분명칭 알아보기 "변은 어디에 있습니까?<br>제시3)각을 그려봐라(압정으로 다시 고정시킨 후 작업한다.)<br>- 꼭지 점은 두 변이 공유하는 점이라고 했는데 어디에 해당되는가?<br>- 사각형의 둘레를 찾아보자<br>- 변들에 의해 둘러싸인 평면을 면적이라 한다. 평면을 찾아보기로 한다.<br>- 사변형의 높이는 한 변에서 마주보는 변에 수직으로 내려진 선을 말한다. 몇 개가 있는지 찾아보자. (2개)<br>- 한 꼭지 점에서 맞은편 꼭지 점으로 이어진 곧은 선이 **대각선** 이다.<br>- 대각선을 찾아보자<br>• 정의 카드 읽어준 후<br>- 이 점에서의 대각선은 어디로 이어집니까?<br>• 이 과정이 다 끝나면 3단계 수업을 한다.<br>• 3단계 수업이 다 끝나면 제자리로 돌아가 소책자를 만들거나 도형을 그려본다. |
| 흥 미 점 | 사각형에는 여러 부분의 명칭들이 있다는 것. |
| 실수정정 | 원내에 포함되는 도형의 특징을 인지하지 못할 때 |

| | | |
|---|---|---|
| 변형확대<br>및<br>응 용 | 소책자 만들기.<br>유인물의 부등변 사각형을 붙인 후 부분들의 명칭을 표시하게 한 후 각 부분의 정의를 써 본다. | **지도상의 유의점** |
| | | • 기하막대는 아동에게 많은 상상력과 추리력으로 직접 만들게 한다.<br>• 사각형의 각 변의 형태를 생각해야 한다. |
| | | **관 찰 (아 동 평 가 )** |
| | | 사각형의 부분들을 잘 아는가? |

활동(27)

| 주 제 | 사다리꼴의 부분들 | 대상연령 | 9~12세 |
|---|---|---|---|
| 교 구 | 기하도형 서랍, 기하막대 상자, 세 부분카드 | | |
| 목 표 | 직접 | 사다리꼴의 부분을 알고 각 부분 명칭을 칭할 수 있다. | |
| | 간접 | 여러 형태의 사다리꼴을 구성할 수 있다. | |
| 선행학습 | 사각형 | | |
| 언 어 | 사다리꼴의 밑변, 높이 대각선, 각, 변, 둘레, 면적, 꼭지 점 | | |
| 교구 제시 | (사진: 사다리꼴 교구 - 부등변, 변, 꼭자점, 밑 변 표시) | | |

- 162 -

| | |
|---|---|
| 활동과정<br>(상호작용) | 제시1)기하막대로 사다리꼴 만들어 보기.<br>• 사다리꼴의 변을 가리키고 정의 말하고 개수 말하기.<br>• 꼭지 점을 가리키고 정의 말하기.<br>  - "변을 어떻게 다르게 부르지?" (윗변, 아랫변)<br>  - 주 밑변은 긴 평행변이고, 부 밑변은 짧은 평행변이다.<br>제시2)사다리꼴의 둘레, 면적, 높이를 찾아보자.<br>• 높이를 그려보자.(추선을 이용하여 꼭지 점에 맞춰 찾아 긋기)<br>• 대각선을 그려보자.<br>  - 길이가 긴 쪽 대각선은 주 대각선이고, 길이가 짧은 대각선은 부 대각선이다.<br>  - 기하도형 서랍을 가져와라(6~9세 복습)<br>  - "사다리꼴을 꺼내 보렴." - 꺼내기.<br>• 정의를 다시 말하기<br>  - 종류는 4가지가 있다.<br>제시3) - 직각 부등변 사각형의 특징을 말하게 하기<br>         마주보는 한 쌍이 마주보는 변의 평행하며 직각이 있다.<br>  - 등변 (사다리꼴 )등변임을 자로 재어서 확인하기.(한 쌍의 마주보는 변)<br><br>제시4) - 부등변 사다리꼴        특징 말하기.<br><br>  - 둔각 사다리꼴 - 두 개의 둔각을 가지고 있으며 서로 마주 보고 있는 것이다. |
| 흥 미 점 | 사다리꼴의 높이를 찾아 직접 재어보는 것. |
| 실수정정 | 부등변의 용어의 의미를 이해하지 못할 때 |

| | | |
|---|---|---|
| 변형확대<br>및<br>응  용 | 소책자 만들기. 공책에 그리고 쓰기. | **지도상의 유의점** |
| | | 밑변이 사다리꼴의 모양에 따라 달라짐을 알게 한다. |
| | | **관 찰 ( 아 동 평 가 )** |
| | | 사다리꼴의 부분 명칭과 구성을 이해하는가? |

## 활동(28)

| 주 제 | 사각형의 내각의 합 | 대상연령 | 9~12세 |
|---|---|---|---|
| 교 구 | 6가지 종류의 사각형이 그려진 종이(2세트로 만들어 작업), 색연필, 가위, 풀 | | |
| 목 표 | 직접 | 사각형의 내각의 합이 360°임을 안다. | |
| | 간접 | 기하학의 준비. | |
| 선행학습 | 삼각형의 내각의 합 | | |
| 언 어 | 내각 | | |
| 교구 제시 | | | |

- 164 -

| | |
|---|---|
| 활동과정<br>(상호작용) | 6가지 사각형의 이름 말해본다 - 복습(부등변사각형, 사다리꼴, 평행사변형, 마름모, 직사각형, 정사각형)<br>제시1)이 중에서 부등변 사각형을 꺼내어 빨간색연필로 각 표시하기.<br>• 똑같은 것 다시 오려서 같이 각에 색칠하기.<br>• 표본하나 붙이고 하나는 각을 오려서 합쳐 붙이기.<br>• 정의 쓰기 - 부등변 사각형의 각의 합은 360°이다.<br>• 사다리꼴의 내각의 합을 위와 똑같이 작업해보기.<br>  - 작업을 통해 발견한 것을 써 본다.<br>• 정의 쓰기 - 사다리꼴의 내각의 합은 360°이다.<br>제시2)다른 사각형도 위와 같은 작업을 다하고 난 뒤 모두 360°임을 발견하면서 사각형 내각의 합에 대한 정의를 내린다.<br>• 모든 사각형의 내각의 합은 360°이다.<br>• 세 부분카드로 3단계학습하기. |
| 흥미점 | 각을 오려서 합쳐 보는 것. |
| 실수정정 | 사다리꼴의 내각의 합이 360°임을 인지하지 못할 때 |

| | | |
|---|---|---|
| 변형확대<br>및<br>응용 | 사다리꼴을 정확히 그리고 세부분카드를 만들어서 그룹별로 제시한다. | **지도상의 유의점** |
| | | 사다리꼴이나 기타도형의 삼각형 내각의 합을 비교해 보게 한다. |
| | | **관찰(아동평가)** |
| | | 사각형의 내각의 합은 잘 아는가? |

## 활동(29)

| 주 제 | 사각형의 둘레 | 대상연령 | 9~12세 |
|---|---|---|---|
| 교 구 | 나무나 마분지로 만든 직사각형과 정사각형, 자, 종이, 연필 | | |
| 목 표 | 직접 | 직사각형과 정사각형의 둘레를 구할 수 있다. | |
| | 간접 | 사각형의 둘레를 구하는 공식을 만들 수 있다. | |
| 선행학습 | 선분의 길이 | | |
| 언 어 | 둘레, 길이, 너비, 변 | | |
| 교구제시 | P = L+W+L+W <br> P = 2L+2W <br><br> P = S+S+S+S <br> P = 4S | | |

| | |
|---|---|
| 활동과정<br>(상호작용) | • 기하도형 서랍에서 직사각형, 정사각형을 이용하여 큰 종이위에 그리기.<br>• 직사각형의 둘레를 재기 위해서는 직사각형의 특징을 이용하여 마주보는 변의 길이가 같으므로 쉽게 구하는 방법을 강구한다.<br>    P = L + W + L + W<br>   (둘레)<br>      = 2L + 2W<br>       (길이) (너비)<br>• 정사각형의 둘레를 재보자.<br>「네 변의 길이가 같음을」 활용해보자.<br>    P = S + S + S + S<br>      = 4S<br>       (변)<br>• 그림 그리고 명칭 공식 등을 써서 - 소책자 만들기. |
| 흥미점 | 둘레를 재기 위한 간단한 방법 구하기. |
| 실수정정 | 사각형의 둘레를 셈하지 못할 때 |

| | | |
|---|---|---|
| 변형확대<br>및<br>응용 | • 명령카드를 주어 작업하기<br>- 면적카드 1<br>- 여러 가지 도형의 둘레를 측정해 본다.<br>- 공식을 이용해 본다.<br>- 답을 찾아 공책에 기록한다.<br>(1) (2) (3)<br>(4) (5) | **지도상의 유의점**<br>둘레를 구하기 위해 간단한 방법을 스스로 찾을 수 있도록 한다.<br>**관찰(아동평가)**<br>직사각형과 정사각형의 둘레를 구할 수 있는가? |

## 활동(30)

| 주 제 | 넓이에 대한 연구 | 대상연령 | 9~12세 |
|---|---|---|---|
| 교 구 | 4개의 직사각형 (넓이면적상자), 마분지/나무로 된 직사각형종이, 연필, 자 | | |
| 목 표 | 직 접 | 넓이의 개념을 이해하고 직사각형 넓이 내는 공식을 이해하고 넓이를 낼 수 있다. | |
| | 간 접 | 넓이와 표면사이의 관계를 이해한다. | |
| 선행학습 | 사각형의 둘레 | | |
| 언 어 | 넓이 | | |
| 교 구 제 시 | | | |

| | |
|---|---|
| 활동과정<br>(상호작용) | • 평면도형 d의 넓이는 한 변의 길이가 1인 정사각형의 넓이를 1로 할 때 d가 그것의 몇 배인가를 나타내는 것이다.<br>• 정육면체를 제시하면 넓이를 구한다는 것은 선으로 둘러싸인 표면(평면)을 측정하는 것이다.<br>제시1)평면 직사각형 제시하면서 이 직사각형의 넓이를 구해보자.<br>• 자로 가로의 길이 1cm, 세로의 길이 (6cm)를 잰다.<br>• 자를 이용해서 넓이를 구할 수 없다. (자로 무한대로 재어야 하므로)<br>• 노란색 직사각형 제시하면서 이것으로 넓이를 쉽게 구할 수 없을까?<br>• 눈금이 있는데 이것으로 나누어 보자.<br>• 10개의 칸으로 나누어 본 것이다.<br>• 길이를 5개로 나눈 것이다.<br>• 합친 것인데 50개의 정사각형이 생긴다.<br>• 이것들의 합이 이 직사각형의 넓이다.<br>• 추상화로 넓이 구하기.<br>• 이 작은 한 개의 정사각형이 측정의 단위가 된다.<br>• 정사각형이 측정의 단위가 되므로 가로로 10개 세로로 5개이므로 A=b*h가 된다. (b:밑변, h:높이)<br>제시2)공식 적어 주기<br>   A=b*h        A=L*W<br>• 이 공식을 이용하여 A=50, B=x, H=5이면 b는? 50=b*5<br>• 공식유도하기 A=b*h, $\dfrac{A}{h} = \dfrac{b*h}{h}$  $b = \dfrac{A}{h}$<br>• 숫자를 대응하기 $b = \dfrac{50}{5}$  b=10 |
| 흥미점 | 직사각형을 눈금으로 나누어 보기. |
| 실수정정 | 공식 유도하여 숫자 대응하기. |

| | | |
|---|---|---|
| 변형확대<br>및<br>응용 | 넓이와 L을 알고 W를 모를 때 공식 유도하여 숫자 대응하기. | **지도상의 유의점** |
| | | 넓이는 다른 체계와 관련되지 않는 측정이다. 넓이와 표면사이의 관계는 넓이가 표면의 측정치라는 점이다. |
| | | **관찰(아동평가)** |
| | | 넓이의 개념을 이해하고 공식을 알고 있는가? |

## 활동(31)

| 주 제 | 직사각형과 정사각형의 넓이 | 대상연령 | 9~12세 |
|---|---|---|---|
| 교 구 | 4개의 직사각형(넓은 상자), 전체 정사각형 철판도형, 마분지/나무로 된 직사각형 넓이교구에서 직사각형#4, 종이, 연필, 자, 가위 |||
| 목 표 | 직 접 | 직사각형과 정사각형의 넓이를 구 할 수 있다. ||
|  | 간 접 | 넓이의 개념을 안다. ||
| 선행학습 | 사각형의 둘레 |||
| 언 어 | 넓이 단위 |||
| 교구제시 | (그림: 직사각형 넓이 교구 4종 — 테두리에 눈금이 있는 상자, 가로줄이 그어진 상자, A(B(너비), h(높이))로 표시된 모눈 직사각형, 모눈과 점이 표시된 정사각형) |||

| | |
|---|---|
| **활동과정**<br>**(상호작용)** | • 왜 공식이 나오는지를 보여 주기 위한 작업이다.<br>• 기하도형서랍의 직사각형 이용하여 설명하기.<br>• 둘레의 길이는 더하지만 공간의 넓이는 측정 할 수 없다.<br>• 가로 세로의 길이를 자로 재기(가로 5cm 세로 10cm)<br>• 자를 이용해서 넓이를 구할 수 없다.(자로 무한대로 재어야 하므로)<br>• 노란색 직사각형 선택하기<br> - 가로는 5개로 조각내고 세로는 열 개로 조각을 내어보자.<br> - 합쳐서 정사각형 단위가 50개로 된 것을 보여주며, 이 작은 정사각형이 측정의 단위가 된다.<br> - 정사각형의 측정의 단위가 되므로 가로는 10씩 세로는 5줄이므로 50개가 된다.<br>• 공식 적어 주기.<br> $\boxed{A = b \times h} \Rightarrow A = b \cdot h$<br> $\downarrow$<br> $A = L \times W \Rightarrow A = L \cdot W$<br> $\downarrow$<br> $50 = 10 \times 5$<br>• 직사각형을 철판도형 정사각형으로 반을 가리기.<br>$A = S \times S \Rightarrow A = S^2$<br>$S^2 = A$<br>$S = \sqrt{A} \rightarrow S = \sqrt{25}$<br>$\phantom{S} = \sqrt{25} \phantom{\rightarrow S} = 5$<br>$\phantom{S} = 5$ |
| **흥 미 점** | 여러 가지로 조각을 내어 보는 것. |
| **실수정정** | 직사각형과 정사각형의 넓이 내는 공식의 이치를 모를 때. |

| | | |
|---|---|---|
| **변형확대**<br>**및**<br>**응 용** | 넓이와 W는 알고 L을 모를 때 구하기.<br>→공식유도하기→숫자를 대응하기.<br><br>$h = \dfrac{A}{b}$  $w = \dfrac{A}{L}$<br><br>$L = \dfrac{A}{W}$  $L = \dfrac{50}{5} = 10$<br><br>$b = \dfrac{A}{h}$  $b = \dfrac{50}{5} = 10$ | **지도상의 유의점**<br>• 넓이는 다른 체계와 관련되지 않은 측정이다.<br>• 넓이와 표면사이의 관계는 넓이가표면의 측정치라는 점이다.<br><br>**관 찰 (아 동 평 가)**<br>사각형의 넓이를 구할 수 있는가? |

## 활동(32)

| 주 제 | 평행사변형의 넓이 | 대상연령 | 9~12세 |
|---|---|---|---|
| 교 구 | 넓이 교구에서 (직사각형, 평행사변형, 2개의 조각으로 나누어진 평행사변형 - 하나는 정사다리꼴, 다른 하나는 예각삼각형), 명칭 카드(A, b, h) | | |
| 목 표 | 직 접 | 평행사변형의 넓이를 구할 수 있다. | |
| | 간 접 | 평행사변형을 직사각형으로 변환할 수 있다. | |
| 선행학습 | 직사각형의 넓이 | | |
| 언 어 | 넓이, 평행사변형 | | |
| 교구제시 | | | |

| | | |
|---|---|---|
| 활동과정<br>(상호작용) | • 평행사변형 모양 확인하기.<br>• 평행사변형 교구를 보이며 정사각형이 안 되는 것이 많다는 것을 알기.<br>• 조각을 내어 직사각형으로 변화시켜야 한다.<br>• 조각 낸 도형이 위치가 달라졌음을 인식시키고 두 도형이 동치관계임을 알게 한다.<br>• 밑변에 해당하는 변과 높이에 해당하는 변 찾기.<br>• 공식 만들기.<br>　넓이 = 밑변 × 높이<br>　　A = b × h<br>　　A = bh | |
| 흥미점 | 공식을 만들어 적용했을 때 | |
| 실수정정 | 평행사변형을 직사각형으로 만들 수 없을 때 | |
| 변형확대<br>및<br>응용 | 공식 바꾸기 - b를 구하거나 h를 구하기. | 지도상의 유의점 |
| | | 아동들 스스로 공식을 이끌어 낼 수 있도록 한다. |
| | | 관찰 (아동평가) |
| | | 평행사변형의 넓이를 구할 수 있는가? |

## 활동(33)

| 주 제 | 삼각형의 넓이 | 대상연령 | 9~12세 |
|---|---|---|---|
| 교 구 | 넓이 교구에 -예각 이등변 삼각형, 두 개의 직각 부등변 삼각형, (예각 이등변 삼각형, 2개의 작은 직각부등변 삼각형, 사다리꼴) | | |
| 목 표 | 직접 : 삼각형의 넓이를 구할 수 있다. <br> 간접 : 삼각형을 직사각형으로 만들 수 있다. | | |
| 선행학습 | 직사각형의 넓이 | | |
| 언 어 | 넓이, 동치 | | |
| 교구제시 | (그림) | | |

| | |
|---|---|
| 활동과정<br>(상호작용) | 제시1) 첫 번째 공식<br> - 정삼각형을 반으로 나눈 것 과 같은 크기의 정삼각형제시.<br> - 동치의 직각삼각형을 정삼각형에 맞춘다. → 정사각형<br> - 직각삼각형 2개는 정삼각형과 같다.<br> - 2개의 직각삼각형을 뺀 후<br> - 2로 나누어짐을 보여줌.<br><br>공식 찾기<br>　A = bh<br><br>제시2) 두 번째 공식<br> - 두 개를 대어 직사각형 만들기<br> - 원래대로 다시 놓는다.<br> - 넓이는 반이다.<br> - 높이는 그대로 이다.<br> - 공식 유도하기.<br>　A = $\frac{bh}{2}$<br><br>제시3) 세 번째 공식<br> - 삼각형 높이를 반으로 하여 사다리꼴 하나와 윗부분의 정삼각형을 다시 동치의 직각삼각형으로 나누어 사다리꼴에 2개 직각삼각형을 붙여 직사각형을 만들기 |
| 흥 미 점 | 공식 찾기. |
| 실수정정 | 정삼각형을 직사각형으로 만들기. |

| 변형확대<br>및<br>응　용 | 직각삼각형의 넓이<br><br>　　A=b · $\frac{h}{2}$<br><br><br>둔각삼각형의 넓이<br><br>　　A=b · $\frac{h}{2}$ | 지도상의 유의점 |
|---|---|---|
| | | 모양은 다르게 나타나지만 모두가 동치관계인 삼각형의 넓이에 대해 세 가지의 공식이 있다. 각 공식은 넓이 교구중의 각각의 교구들로 이루어지는 각각의 제시 방법이 있다. |
| | | 관 찰 (아 동 평 가) |
| | | 삼각형의 넓이를 구할 수 있는가? |

활동(34)

| 주 제 | 마름모꼴, 사다리꼴의 넓이 | 대상연령 | 9~12세 |
|---|---|---|---|
| 교 구 | 종이, 가위, 자, 연필 또는 매직 - 3가지 색깔, 파란색 구성삼각형에서 -작은 둔각이등변삼각형 -직각 부등변 삼각형, 직사각형상자에서: 위와 같은 삼각형 명칭카드 : B, b, h 사다리꼴의 높이만큼의 줄(2개 구성) | | |
| 목 표 | 직접 | 마름모꼴, 사다리꼴의 넓이 내는 공식을 이해하고 만들 수 있다. | |
| | 간접 | 평행사변형의 넓이를 구할 수 있다. | |
| 선행학습 | 삼각형의 넓이 | | |
| 언 어 | 넓이 | | |
| 교구제시 | (그림: 종이접기 과정 → 각기 다른 색으로 선긋기, 마름모꼴, 사다리꼴 그림 — D, d 표시) | | |

| | | |
|---|---|---|
| 활동과정<br>(상호작용) | • 마름모의 넓이<br>- 직사각형의 종이를 가로 세로로 두 번 접어 네 개의 같은 직사각형으로 만들어 각기 다른 색으로 선을 긋는다.<br>- 각 변과 만난점을 또 다른 색으로 잇는다.(다이몬드선)<br>- 긴 대각선을 D, 짧은 대각선을 d라 한다.<br>- $A = \dfrac{D \times d}{2}$<br>- 직사각형의 $\dfrac{1}{2}$이다.<br>• 사다리꼴의 넓이<br>- 사다리꼴의 삼각형을 검은 선끼리 만나게 하여 등변삼각형을 만든다.<br>- 둔각은 $b \cdot \dfrac{h}{2}$가 된다(b:작은 삼각형의 밑변, h:높이, B다른 삼각형의 밑변)<br>- 밑변은 작은 삼각형만큼 길어졌다.<br>- 따라서 $\dfrac{1}{2}(B+b) \cdot h = (B+b) \cdot \dfrac{h}{2}$이다. | |
| 흥미점 | 직사각형에 마름모 그리기. | |
| 실수정정 | 마름모의 넓이를 산출하는 공식을 이해하지 못할 때 | |
| 변형확대<br>및<br>응용 | • 사다리꼴로 등변삼각형을 만든다. | **지도상의 유의점**<br>마름모꼴은 평행사변형이므로 평행사변형의 넓이공식을 따른다.<br>A - bh<br>그러나 탐구할 수 있는 또 다른 공식이 있다. |
| | | **관찰 (아동평가)** |
| | | 마름모, 사다리꼴의 넓이 내는 공식을 이해하는가? |

## 활동(35)

| 주 제 | 원의 넓이 | | 대상연령 | 9~12세 |
|---|---|---|---|---|
| 교 구 | 10각형 철판도형, 전체 원 분수 판, 원의 넓이라고 쓴 봉투나 상자 (다음을 포함한다. - 2개의 다른 색깔의 원, 10조각으로 나뉘어진 합동인 2개의 원[같은 색깔], 3개의 직사각형, 컴퍼스, 4개의 공식을 나타내는 4가지 색깔의 카드 | | | |
| 목 표 | 직접 | 원의 넓이를 구할 수 있다. | | |
| | 간접 | 여러 가지 원의 넓이를 구할 수 있다. | | |
| 선행학습 | 삼각형의 넓이 | | | |
| 언 어 | 십각형의 원주, 변심거리, 반지름 | | | |
| 교구제시 | | | | |

| | |
|---|---|
| 활동과정<br>(상호작용) | 십각형의 넓이 구한 것을 상기하기.<br>• A(넓이)=둘레의 길이×변심거리÷2　　• $A = \dfrac{p \cdot a}{2}$<br>• 원의 넓이는 십각형의 넓이 구하는 것을 이용한다.<br>• 2개의 원을 준비하기(다른 색종이로 2개 만들어 오림)<br>• 각각 10개의 조각으로 나누어 놓기.<br>• 아래위로 같은 색 끼리 연결하여 직사각형으로 만들기.<br>• 마지막 남은 것을 $\dfrac{1}{2}$로 잘라서 양 옆에 놓기.<br>• 여기서 한 원의 넓이만 필요하다.<br>• $A = \dfrac{c \cdot r}{2}$　c:원주　r:반지름(변심거리 대신 쓰는 용어)<br>• 다른 방법으로 증명<br>• $A = \dfrac{c \cdot r}{2}$을 간단하게 하는데 다른 공식 활용하기. → C=dπ　d=2r<br>• 여기서 각 공식에 쓰인 것을 옮기면서 작업하기<br>• 원의 넓이(A)=$\dfrac{d\pi r}{2}$ → A=$\dfrac{2\pi r r}{2}$ →∴ A= πr² • 원의 넓이 증명하는<br>　다양한 활동하기<br><br>　　　r<br>　┌──┬──┬──┬──┐<br>　r│　│　│　│　│<br>　└──┴──┴──┴──┘<br>• 종이 직사각형 제시하면서 이 직사각형은 원의 넓이와 같다.<br>　-r² 3개 있고 $\dfrac{1}{7}$이 있다. 따라서 원의 넓이는 (A)=r²×π 라 할 수 있다. |
| 흥 미 점 | 원을 잘라 직사각형으로 만드는 것. |
| 실수정정 | 공식 증명하기. |

| | | |
|---|---|---|
| 변형확대<br>및<br>응　용 | • 명령 카드 만들기.<br><br>• 원의 부분의 넓이. | **지도상의 유의점**<br>원을 잘라 직사각형을 만들 때 서로 다른 색을 2장 준비한다.<br>**관 찰 (아 동 평 가)**<br>원의 넓이를 구 할 수 있는가? |

## 활동(36)

| 주 제 | 원의 연구 | | 대상연령 | 9~12세 |
|---|---|---|---|---|
| 교 구 | 원의 서랍에서 가장 큰 원(이틀에서 9개의 원을 종이 위에 그린다.), 정다각형서랍(기하도형서랍), 분수 판(4개의 삼각형으로 나뉘어진 정사각형), 철판도형(원에 내접한 등변삼각형), 큰 종이, 연필, 색연필, 자 ||||
| 목 표 | 직접 | 원은 변이 무한대가 있는 도형임을 이해한다. |||
|   | 간접 | 변이 많을수록 원과 같아진다는 점에 관심을 갖는다. |||
| 선행학습 | 정다각형에 대한 연구 ||||
| 언 어 | 변심거리 무한대 ||||
| 교구제시 | (원에 내접한 정삼각형, 정사각형, 정오각형, 정육각형, 정팔각형, 정구각형, 정십이각형, 정다각형, 원) ||||

- 180 -

| 활동과정<br>(상호작용) | • 세 부분 카드와 정의카드<br>• 먼저 정다각형을 꺼내어 러그 위에 나열하기.<br>제시1) 9개의 원을 그린다.<br>• 내접한 삼각형에서 정삼각형까지 그린다.(기하도형 서랍에서의 정다각형의 틀을 이용해 그린다.)<br>• 밑변에 파란선 긋기 → 변심거리는 빨간 선으로 그리기.<br>• 다각형과 원 사이의 공간을 빨간색과 파란색을 제외한 색으로 칠하기.<br>• 색칠하면서 아동은 색칠하는 부분이 줄어 듬을 발견하게 된다.<br>제시2) 삼각형에서 정 십각형으로 가면서 달라진 점 찾기.<br> - 변이 많아질수록 원과의 공간이 좁아진다.<br> - 원은 공간이 없다. 원을 그려놓고 살펴본다.<br> - 따라서 원은 변이 무한대가 있는 도형이다.<br>• 원이 변을 가진 도형임을 보여 준다 | | |
|---|---|---|---|
| 흥 미 점 | 다각형과 원 사이의 공간 색칠하기. | | |
| 실수정정 | 변의 무한대를 인지하지 못할 때 | | |
| 변형확대<br>및<br>응 용 | • 원 안에 정 십각형이 넘는 다각형 그려 보기.<br>• 원을 이용하여 모양 꾸미기. | 지도상의 유의점 |
| | | 원의 변이 무한대라는 것을 스스로 발견하도록 한다. |
| | | 관 찰 (아 동 평 가) |
| | | 원은 변이 무한대가 있는 도형임을 아는가? |

### 활동(37)

| 주 제 | 원주의 측정 | 대상연령 | 9~12세 |
|---|---|---|---|

| 교 구 | 기하도형서랍에서 십각형, 큰 종이, 미터 자, 연필, 분필, 컴퍼스, 종이 위에 원과 정 십각형 그리기.(틀에 대고 그리기) |||
|---|---|---|---|

| 목 표 | 직 접 | 원의 원주를 측정할 수 있다. |
|---|---|---|
| | 간 접 | 부채꼴의 둘레를 구할 수 있다. |

| 선행학습 | 원에 대한 연구 |
|---|---|

| 언 어 | 중심, 원주, 반지름, 지름, π |
|---|---|

| 교 구 제 시 | |
|---|---|

― 182 ―

| 활동과정<br>(상호작용) | • 도형간의 선을 비교해 보자.<br>제시1)중심을 가리키며 '중심임을 확인<br>• 십각형에서는 변이 10개 있고 원은 무한대가 있다.<br>• 십각형에서의 모든 변은 **변의 둘레**라고 하지만, 원에서는 '원주'라 한다.<br>• 십각형에서는 변심거리라 하지만, 원에서는 '반지름'이라 한다.<br>• 둘레의 길이를 구하면, 십각형은 한 변의 길이 ×10이고, 원에서는 1시간의 띠처럼 줄을 이용해서 구한다.<br>• 그리스 수학자에 의해 발견된 원주의 측정방법을 알아보자<br> - 원주에 한 점 찍기.(방법1)<br> - 종이 위에 직선을 긋고, 원을 한 바퀴 굴린 자리에 표시<br>• 지름과 방법 1의 선을 비교한다.(지름으로 3번하고 어느 정도 남는다.)<br>• 이 남은 부분을 컴퍼스로 만들어 재었더니 약 7번이다.<br>• 지름을 1로 보았을 때 $1+1+1+\frac{1}{7}$<br>다른 원(크기가 다른)으로도 방법 2와 같이 해보게 함으로써, 결과가 같음을 발견하게 한다.<br>제시2) 공식유추하기 C(원주)=D· 또는 $C = d\pi$ | |
|---|---|---|
| 흥미점 | 종이위에 원을 굴려 공식 유추하기. | |
| 실수정정 | 공식으로 알아보기. | |
| 변형확대<br>및<br>응용 | • 서랍안의 모든 원의 원주를 계산하고 다음의 표를 완성하시오.<br><br>| 원 | 지름 | π | 식 | 원주 |<br>|---|---|---|---|---|<br>| 1 | 10cm | 3.14 | 3.14×10 | 31.40cm |<br>| 2 | | | | |<br>| 3 | | | | |<br>| 4 | | | | |<br>| 5 | | | | |<br>| 6 | | | | |<br><br>• 역으로 공식을 끌어내기<br>• 명령카드(=문제 카드)<br>• 원주를 알게 한 수 (주어진 후) 지름을 찾게 한다. | **지도상의 유의점**<br><br>개념 이해를 돕기 위해 아동 스스로 해보도록 한다.<br><br>**관찰 (아동평가)**<br><br>원의 원주를 측정 할 줄 아는가? |

## 활동(38)

| 주 제 | 합동에 대한 개념<br>(congruence) | 대상연령 | 9~12세 |
|---|---|---|---|
| 교 구 | 정사각형으로 분할된 9개의 철제도형, 직사각형으로 분할된 4개의 철제도형, 삼각형으로 분할된 4개의 철제도형 | | |
| 목 표 | 직 접 | 합동에 대한 개념을 알 수 있다. | |
| | 간 접 | 면적과 부피에 대한 응용력을 기른다. | |
| 선행학습 | 정사각형, 정삼각형 | | |
| 언 어 | 합동, 분할 | | |
| 교구제시 | | | |

- 184 -

| | |
|---|---|
| 활동과정<br>(상호작용) | • 철판도형을 나열하기.<br>– ■ : 정사각형으로 분수할 때 나뉘어짐을 이미 배웠다.<br>– ■ : 중점을 중심으로 2개로 나눈 것이다.<br>– ■ : 중점을 중심으로 4개로 나눈 것이다.<br>– ◤ : 대각선 중심 2등분한 것으로 직각 삼각형이다.<br>• 각각 철판도형에서 한 가지씩 꺼낸다. 앞의 것의 반이다.<br>• 앞의 삼각형의 반이다.<br>• 아래 삼각형들은 분수를 공부할 때 보았다.<br>– ▲ 삼각형이다.<br>– ▲ 나누어서 높이가 되었다.<br>– 이것은 두 개의 직각부등변 삼각형이다.<br>– ▲ 중점을 중심으로 나눈 것이다.(둔각 이등변 삼각형)<br>– ▲ 변의 $\frac{1}{2}$을 이용해 만든 것이다.<br>• 위의 것은 합동에 쓰일 것이다.<br>• 각각의 도형 찾아서 그리고 명칭 쓰기.<br>• 합동에 대한 개념 찾기.<br>– 정사각형의 종이를 2개의 대각선을 그어 삼각형 4개 만들어 오리기.<br>– 2개의 삼각형 겹치고 '합동이다.'라고 말하기.<br>– "이것은 각각의 꼭지 점이 맞기 때문에 합동이다."<br>– 합동의 조건은 꼭지 점이 맞아야 한다. |
| 흥 미 점 | 2개의 삼각형 겹치기. |
| 실수정정 | 합동인 도형 찾아 그리기 |

| | | |
|---|---|---|
| 변형확대<br>및<br>응 용 | • 교구를 통해서 합동인 작업하기.<br>• 사각형 분수 판을 준비하기.<br>– 아동이 재미있게 할 수 있도록 바꾼 활동이다.<br><br>$\frac{1}{2}$, $\frac{1}{4}$, $\frac{1}{8}$, $\frac{1}{16}$ 로 채움.<br>만들고 싶은 모양을 만들어 보기.<br>만든 것에 이름 붙여 보게 하기. | **지도상의 유의점**<br>• 삼각형 두 개로 이루어진 별 모양은 합동이 아니고 돌려서 꼭지 점을 맞춰야 한다.<br><br>**관 찰 (아 동 평 가 )**<br>합동에 대한 개념을 알고 있는가? |

## 활동(39)

| 주 제 | 닮음의 개념(Similarity) | 대상연령 | 9~12세 |
|---|---|---|---|
| 교 구 | 3개의 직사각형, $\frac{1}{2}$ 정사각형 분수 판, $\frac{1}{8}$ 정사각형 분수 판, 6cm×8cm의 직사각형 판자 | | |
| 목 표 | 직접 | 닮음의 개념을 알 수 있다. | |
| | 간접 | 면적과 부피를 정리하여 제시할 수 있다. | |
| 선행학습 | 합동에 대한 개념 | | |
| 언 어 | 닮음 | | |
| 교구 제시 | | | |

| | |
|---|---|
| **활동과정**<br>**(상호작용)** | 제시1)가로와 세로의 길이가 각각 1:2인 직사각형 2개를 준비한다.<br>• 이 직사각형은 닮은 도형이다<br>• 닮은 이유를 찾기.<br>• 밑변을 보면 큰 직사각형의 밑변을 작은 사각형 가로와 세로가 다 같이 2배이다. 따라서 닮았음을 볼 수가 있단다.<br>• 모든 직사각형이 서로 어떻게 닮았는가 생각해보기.<br>제시2)종이로 모양이 다른 직사각형 만들어 변의 길이 비교하기.(가로와 세로의 비가 각각 다른 것 준비)<br>• 높이가 1.5배, 이나 밑변과는 1.5배가 되지 않으므로 닮은꼴이 아니다.<br>• 닮은 도형이 되려면 관계가 성립되어야 한다(밑변과 높이의 관계)<br>• 닮은 도형을 판단하는 두 가지 방법을 찾아보기.<br>  - 한 도형의 한 변과 대응되는 다른 한 도형의 한 변의 비율을 발견한다. 만약 이 변들 사이에 같은 비율을 발견할 수 있다면 이 두 도형은 닮은 도형이다.(두 도형의 밑변이 3배이면 높이도 3배이어야 닮은 도형이다)<br>  - 한 도형의 두변 사이의 비율을 발견한다. 만약 다른 한 도형의 대응되는 변의 비율이 같다면 이 두 도형은 닮은 도형이다.<br>  - 한 삼각형의 밑변과 높이의 비가 2:3이면 다른 한 도형의 밑변과 높이의 비도 2:3이면 닮은 도형이다.<br>제시2)감각적 탐험하기<br>  - 큰 직사각형과 작은 직사각형을 한 꼭지 점과 그 양쪽 변에 겹쳐놓고 그 꼭지 점에서 대각선을 그으면 꼭지 점을 3개 통과하면 닮은 도형이다.<br>• 명칭과 정의를 써서 소책자 만들기. |
| **흥 미 점** | 도형들이 서로 닮은 이유를 찾아보기. |
| **실수정정** | 닮음의 개념을 인지하지 못하였을 때 |

| | | |
|---|---|---|
| **변형확대**<br>**및**<br>**응 용** | • 정사각형 철판을 여러 개를 준비하여 밑변과 높이의 관계를 비교<br>• 원의 닮은 비교하기.<br>• 정삼각형의 닮음비교하기<br><br>※ 정사각형, 원, 정삼각형, 직각이등변삼각형은 각각 모든 것이 닮은꼴이다. | **지도상의 유의점** |
| | | • 두 도형이 닮음인지 아닌지를 판단할 수 있는 방법을 보여준다.<br>• 비율의 수학적 개념 이해에는 도움이 되지만 여기서는 크게 중요하지 않다. |
| | | **관 찰 (아 동 평 가 )** |
| | | 닮음의 개념을 알고 있는가? |

활동(40)

| 주 제 | 구성삼각형<br>(두 번째 시리즈) | 대상연령 | 9~12세 |
|---|---|---|---|
| 교 구 | $\frac{1}{2}$로 나누어진 정사각형 분수 판(2개의 삼각형으로), $\frac{1}{2}$로 나누어진 정사각형 분수 판(2개의 직사각형), 삼각형상자, 색상지, 가위, 스카치테이프, 자, 직각자, 컴퍼스, 큰 육각형상자, 작은 육각형상자, | | |
| 목 표 | 직접 | 삼각형 상자로 구성 삼각형을 만들고 도형의 동치에 대하여 알 수 있다. | |
| | 간접 | 동치와 넓이의 관계에 관심을 갖는다. | |
| 선행학습 | 합동 | | |
| 언 어 | 동치 구성 삼각형 | | |
| 교구제시 | | | |

| | |
|---|---|
| 활동과정<br>(상호작용) | • 직사각형과 그 직사각형의 가로의 2배는 밑변이나 높이로 하고 세로 $\frac{1}{2}$을 밑변이나 높이로 하는 직각 삼각형을 제시한다.<br>• 이 두 도형은 닮지도 합동도 아니지만, 특별한 관계가 있다.<br>• 종이로 두 개의 도형 만든다.(제시한 도형과 크기가 같음)<br>• 직각 삼각형의 밑변을 수직이등분하여 잘라 이어서 직사각형을 만들고 다른 직사각형의 종이와 겹쳐서 같음을 알아본다.<br>• 따라서 2개의 도형은 동치이다.<br>• 삼각형 상자를 제시하고 회색의 큰 정삼각형 있다는 식으로 각각의 이름을 말하게 한다.<br>• 검은 색 라인을 중심으로 연결해서 작업하라고 지시한다.<br>• 겹쳐서 모두 합동이 됨을 확인한다.<br>• 초록은 회색을 반으로 나눈 모양 빨간색을 회색의 $\frac{1}{4}$ 노란색은 $\frac{1}{3}$이다.<br>• 초록은 직각 부등변△이다.<br>• 상자에 넣고, 초록과 회색만 남기고 제시.<br>• 초록색을 뒤집을 수도 있다.<br>• 공책에 그리고 쓰기.<br>• 다양한 도형들의 동치관계를 알아보자.<br>• 초록색△으로 어떤 도형을 만들어도 동치이다.<br>• 공책에 표현해 보게 한다.(동치에 대한 3단논법)<br>• 직사각형과 회색 삼각형이 동치이고, 직사각형과 평행사변형이 동치이면 평행사변형과 회색 삼각형도 동치이다.<br>• 세 도형이 모두 동치이다.<br>• 위의 작업을 둘로 나누어 작업할 수 있다. |
| 흥미점 | 직각삼각형을 오려서 직사각형 만들기. |
| 실수정정 | 검정색 라인을 중심으로 연결해서 작업하기. |

| | | |
|---|---|---|
| 변형확대<br>및<br>응용 | 다른 도형끼리 동치관계 알아내기. | **지도상의 유의점** |
| | | 넓이에 대한 연구에 있어서, 적어도 간단한 도형에 대해서는 동치에 대해 작업을 하기 전에 시작할 수 있다. 그러나 동치에 대한 자세한 연구하는 넓이를 학습하는 중요한 준비가 된다. |
| | | **관찰 (아동평가)** |
| | | 삼각형으로 구성삼각형을 만들 줄 알고 도형의 동치에 대하여 알고 있는가? |

## 활동(41)

| 주 제 | 동치(합동)인 두 도형의 변 관계 (Equivalency) | 대상연령 | 9~12세 |
|---|---|---|---|
| 교 구 | 삼각형 상자, 큰 육각형상자, 작은 육각형상자 | | |
| 목 표 | 직 접 | 동치관계인 두 도형의 변에 대한 관계를 알 수 있다. | |
| | 간 접 | 동치관계에 의한 사고력을 기른다. | |
| 선행학습 | 동치, 기본도형의 명칭 알기, 기본도형의 넓이 구하기 | | |
| 언 어 | 동치관계 | | |
| 교 구 제 시 | | | |

| | |
|---|---|
| 활동과정<br>(상호작용) | 제시1)삼각형 상자 학습<br>　첫째, 색깔별로 도형 분류　둘째, 검은 선으로 모양 맞추기<br>　셋째, 맞춘 도형의 이름 말하기, 넷째, 도형들의 동치관계를 보여준다.<br>　다섯째, 검은 선의 확인. 여섯째, 각각의 선의 관계를 보여주고 서술기록<br>제시2)정삼각형과 둔각 이등변삼각형 제시하기.<br>• 두 삼각형은 동치이다.<br>• 밑변 높이 비교하기.<br>　- 둔각이등변삼각형의 밑변과 회색 정삼각형의 높이를 비교하면 밑변1개 높이가 같다. 둔각이등변삼각형밑변은 회색삼각형의 높이의 2배이다.<br>• 회색삼각형밑변과 둔각삼각형의 높이비교하기(회색삼각형은 둔각삼각형의 높이의 2배이다.)<br>• 초록색삼각형을 변형한 여러 도형들도 위와 같이 비교하기.<br>　- 직사각형의 높이와 삼각형의 높이가 같다.<br>　- 직사각형의 밑변은 회색 정△의 밑변의 ½이다.<br>• 두 번째 부분인 둔각△, 직사각형, 평행사변형, 삼각주의 변에 대한 관계<br>　- 동치 직사각형과 평행사변형은 가로=밑변, 세로=높이 이므로 동치이다.<br>　- 다른 모양들도 선을 기준으로 비교한다. |
| 흥미점 | 초록 삼각형 변형하여 비교하기. |
| 실수정정 | 길이를 대어보기. |
| 변형확대<br>및<br>응용 | 나머지 삼각형들도 꺼내어 특별한(동치)관계 알아내기. |

| 지도상의 유의점 |
|---|
| 서로 다른 모양 두 개를 비교하는 목적은 동치의 연관적인 특성을 가르쳐주기 위함이다. |
| **관 찰 ( 아 동 평 가 )** |
| 동치 관계에 있는 두 도형의 변에 대한 관계를 아는가? |

## 활동(42)

| 주 제 | 큰 육각형 상자<br>(여러 도형의 구성) | 대상연령 | 9~12세 |
|---|---|---|---|
| 교 구 | 큰 정삼각형, 10개의 둔각 이등변 삼각형 | | |
| 목 표 | 직접 | 삼각형을 이용하여 여러 도형을 구성하고, 큰 육각형 상자의 삼각형 조각으로 분수 값을 알 수 있다. | |
| | 간접 | 분수 값의 크기를 찾은 능력을 기른다. | |
| 선행학습 | 구성 삼각형 | | |
| 언 어 | 동치, 분수 값 | | |
| 교구제시 | | | |

| | |
|---|---|
| 활동과정<br>(상호작용) | • 큰 정삼각형과 10개의 둔각 이등변 삼각형이 있다.<br>• 10개의 둔각 이등변삼각형들은 동치이다.<br>제시1) 색깔별로 나누기(6~9세와 같다.) - 노란색 6개, 검은색 4개<br>• 검은 선을 중심으로 모양을 만들고 이름 짓기.<br>• 공책에 그리고 색칠하기.<br>• 선하고 상관없이 2개의 모양을 아동에게 주어 작업하게 한다.<br>• 선을 무시하고 3개로 만들기.<br>• 분수와 연관지은 활동하기(분수 값으로)<br>제시2) 3개의 조각으로 만든 도형을 제시한다.<br>• $\frac{1}{3}$ 조각 3개로 만든 것이다.<br>• 이 도형들은 $\frac{3}{3}$ 이다.<br>• 2개의 도형으로 만든 도형 제시.<br>• 이 도형(2개)들은 $\frac{2}{3}$ 이다. |
| 흥미점 | 분수와 연관지어 활동하기. |
| 실수정정 | • 분수판과 비교하기.<br>• 공책에 그리고 색칠하기. |

| | | |
|---|---|---|
| 변형확대<br>및<br>응용 | 분수와 연관지어 더 많은 활동하기. | **지도상의 유의점** |
| | | 검은 선을 상관없이 모양을 만들게 한다. |
| | | **관찰 ( 아 동 평 가 )** |
| | | 구성삼각형을 만들 줄 알고 큰 육각형 상자의 삼각형 조각으로 분수값을 아는가? |

활동(43)

| 주 제 | 삼각형과 직사각형간의 동치관계 | | 대상연령 | 9~12세 |
|---|---|---|---|---|
| 교 구 | 철판도형 #13~15 | | | |
| 목 표 | 직 접 | 십각형과 직사각형간의 동치관계를 이해한다. | | |
| | 간 접 | 십각형의 면적을 셈할 수 있다. | | |
| 선행학습 | 정오각형과 삼각형의 동치관계 | | | |
| 언 어 | 변심거리, 동치 | | | |
| 교 구 제 시 | | | | |

| | |
|---|---|
| 활동과정<br>(상호작용) | • 이것은 정 십각형이다.(돌려보면서 맞추기)<br>• 13번과 14번 바꿔 끼면서 동치 확인.<br>• 15에 조각 꺼내어 위에 나열하면서 14와 바꿔 놓기.<br>• 다각형의 한 변을 수직이등분하여 (중심)까지의 거리를 '변심거리'라 부른다.<br>  - 직사각형의 가로 = 삼각형 둘레의 $\frac{1}{2}$<br>  - 직사각형의 세로 - 삼각형의 변심거리<br>• 십각형과 직사각형간의 두 번째 동치관계(십각형의 면적을 구하는 공식)<br>  - 13과 14는 동치였다.<br>  - 직사각형 조각을 (직사각형에 있는) 빈 10각형 속에 넣는다.(사다리꼴 모양 10개 삼각형 11개)<br>  - 면적이 서로 같다.<br>  - 2번 21개 조각을 다시 직사각형 속에 넣는다.(10각형 조각도 제자리에 넣는다)<br>  - 13번 10각형과 민자 직사각형은 서로 동치다.<br>• 선들을 비교하기<br>  - 직사각형 가로의 길이는 10각형의 둘레와 같다.<br>  - 직사각형 세로의 길이는 10각형의 변심의 $\frac{1}{2}$이다.<br>• 조건이 맞으면 동치다. |
| 흥 미 점 | 직사각형 조각을 빈 10각형 속에 넣기. |
| 실수정정 | 바꿔 끼면서 동치 확인.(도형의 틀에 안 맞을 때) |

| | | |
|---|---|---|
| 변형확대<br>및<br>응 용 | 다른 도형의 동치 관계. | **지도상의 유의점** |
| | | 두 번째 동치 관계는 다음 날 해도 좋다. |
| | | **관 찰 ( 아 동 평 가 )** |
| | | 십각형과 직사각형간의 동치관계의 조건을 잘 아는가? |

## 활동(44)

| 주 제 | 정오각형과 삼각형간의 동치 관계 | 대상연령 | 9-12세 |
|---|---|---|---|

| 교 구 | 철판도형 #11,12 |
|---|---|

| 목 표 | 직 접 | 정오각형과 삼각형간의 동치관계를 알 수 있다. |
|---|---|---|
| | 간 접 | 모든 도형은 삼각형으로 나눌 수 있다는 점을 이해한다. |

| 선행학습 | 평행사변형과 직사각형의 동치관계 |
|---|---|

| 언 어 | 동치 |
|---|---|

| 교 구 제 시 | |
|---|---|

| | |
|---|---|
| **활동과정**<br>**(상호작용)** | • 제시 1) 정오각형과 삼각형간의 동치관계<br><br>• 철판도형을 준비하여 증명하기<br><br>- 오각형으로 몇 개의 삼각형을 만들 수 있는지 알아보려고 하는 작업 먼저 한다.<br>　오각형으로 몇 개의 삼각형을 만들 수 있느냐는 몇 개의 변을 갖고 있느냐에 달려있다.<br><br>- 나누어진 12번 정삼각형을 겹쳐보고 "모두 같은 삼각형이다."하면서 11번 안에 넣어 보기<br><br>- 다시 제자리에 놓아보기.<br>(다각형은 모두 오각형으로 몇 개의 삼각형을 만들 수 있음을 보여 줌)<br><br>- 아동에게 시간을 많이 주어야 한다.<br><br>확인 : 6각형으로 삼각형을 만들어 보기. |
| **흥 미 점** | 철판도형. |
| **실수정정** | 동치라는 용어를 이해하지 못할 때 |

| | | |
|---|---|---|
| | | **지도상의 유의점** |
| **변형확대**<br>**및**<br>**응　용** | • 그림을 그리고 명칭과 정의쓰기<br>• 소책자 꾸미기. | 삼각형으로 모든 도형을 나눌 수 있다는 점을 이해하게 한다. |
| | | **관 찰 (아 동 평 가)** |
| | | 철판도형을 이용하여 정오각형과 삼각형간의 동치관계를 이해하는가? |

## 활동(45)

| 주 제 | 두 개의 직사각형과 삼각형 간의 동치관계 | 대상연령 | 9~12세 |
|---|---|---|---|
| 교 구 | 철판 도형 #15~17 | | |
| 목 표 | 직접 | 직사각형간, 삼각형간의 동치관계를 알고, 그 외 동치관계의 도형에 대해서도 알 수 있다. | |
| | 간접 | 넓이와 동치 관계를 연구한다. | |
| 선행학습 | 십각형과 직사각형의 동치관계 | | |
| 언 어 | 동치 | | |
| 교구 제시 | | | |

| | | |
|---|---|---|
| 활동과정<br>(상호작용) | • 두개의 직사각형간의 동치관계<br>• 큰 종이 위에 15번 직사각형과 16번 직사각형 놓고, 동치임을 증명하기<br>  – 도형을 대고 그리고 오려 자르고 이어서 15번과 비교하기<br>• 길이 비교하기<br>  – 넓적한 직사각형의 가로의 길이는 긴 직사각형 가로의 길이 ½이고, 넙적한 직사각형의 세로의 길이는 긴 직사각형 세로의 길이의 2배이므로 동치이다.<br>• 삼각형간의 동치관계<br>• 직사각형 평행사변형 마름모<br>  – 3개의 도형의 동치관계는 밑변의 가로, 높이와 세로가 같아야 한다.<br>• 직사각형과 마름모<br>  – 평행사변형과 마름모를 자리 바꾸면서 동치 확인하기.<br>• 여기에 있는 모든 사각형은 동치이다.<br>• 세 도형 a, b, c의 각 삼각형을 한 조각씩 d에 놓는다.<br>• 각 각 삼각형의 높이의 특징은 a는 큰 직사각형의 세로와 같고 b는 안에 있으며 c는 바깥에 형성된다.<br>• 동치관계에 있는 도형과 그들의 관계에 대한 확장.<br>  – 종이 위에 위의 평행사변형, 삼각형 도형을 그린 후 오린다.(완전히 1개인 것, 다른 철판도형)<br>  – 평행사변형의 주대각선 잘라서 직사각형이 됨을 보여줌.<br>  – 삼각형의 높이 잘라서 직사각형 만들어 제시.<br>  – 직사각형의 주 대각선 오려서 삼각형 만들기.<br>  – 동치임을 확인하기. | |
| 흥미점 | 도형을 대고 그리고 오려서 자르기. | |
| 실수정정 | 자리 바꾸면서 동치 확인. | |
| 변형확대<br>및<br>응용 | 다른 도형들 간의 동치 관계를 알아보고 정리하여 써 본다. | **지도상의 유의점**<br>아동은 구성삼각형으로 작업을 하면서 특정 도형이 동치인 것을 배운다. 그것은 구성 삼각형이 같은 수의 동치인 도형들로 이루어지기 때문이다.<br>**관찰(아동평가)**<br>• 직사각형과 삼각형간의 동치관계다.<br>• 그 외의 동치 관계의 도형을 아는가? |

## 활동(46)

| 주 제 | 삼각형과 직사각형간의 동치관계<br>마름모꼴과 직사각형간의 동치관계 | 대상연령 | 9~12세 |
|---|---|---|---|
| 교 구 | 철판도형 #1, 2, 3, 4 | | |
| 목 표 | 직 접 | 직사각형과 정삼각형, 마름모꼴의 동치관계에 대해 알 수 있다. | |
| | 간 접 | 면적의 변화에 따른 사고력을 기른다. | |
| 선행학습 | 구성 삼각형 | | |
| 언 어 | 동치 | | |
| 교 구 제 시 | | | |

| | | |
|---|---|---|
| 활동과정<br>(상호작용) | • 삼각형과 직사각형간의 동치관계<br>　- 철판도형 1을 준비하기.<br>　- 정삼각형을 높이의 $\frac{1}{2}$로 자르고, 위쪽 작은 삼각형을 수직 2등분한 정삼각형조각을 직사각형에 넣어보니 같다.<br>　- 밑변은 서로 같다.<br>　- 정삼각형과 직사각형의 동치가 되려면 밑변끼리가 같아야 한다.<br>• 마름모꼴과 직사각형간의 동치 관계.<br>　- 철판도형②③서로 바꿔 끼어 같음을 보여준다.<br>　- ③에 있는 내용과 ④번의 마름모 바꾸고 확인 후 제자리에 놓기<br>　- ③의 마름모와 ④의 마름모 같다.<br>　- 4번의 마름모를 직사각형 안에 끼우기→ 같다.<br>　- 도형의 밑변을 비교해보자.<br>　- 직사각형과 마름모의 밑변 같다.<br>　- 마름모의 높이와 직사각형 높이 같다.<br>　- 마름모의 밑변과 직사각형의 가로 길이가 같고, 높이의 길이와 직사각형 세로의 길이가 같아야 동치다. | |
| 흥 미 점 | 철판도형 서로 바꿔 끼어보기. | |
| 실수정정 | 철판도형을 제자리에 정확히 끼워 넣지 못할 때 | |
| 변형확대<br>및<br>응　용 | • 그림으로 오리고 색칠하기<br>• 정의 써서 소책자 만들기. | **지도상의 유의점**<br>철판 또는 플라스틱으로 된 16개의 도형 틀로 이루어진 동치 도형 틀을 만들어 사용할 수도 있다.<br>**관 찰 (아 동 평 가)**<br>정삼각형과 직사각형간 마름모꼴과 직사각형간의 동치관계에 대해 알 수 있다. |

## 활동(47)

| 주 제 | 평행사변형과 직사각형간의 동치 관계 | 대상연령 | 9-12세 |
|---|---|---|---|

| 교 구 | 칠판도형 # 4, 5, 10 |
|---|---|

| 목 표 | 직 접 | 직사각형과 평행 사변형, 사다리꼴의 동치관계를 알 수 있다. |
|---|---|---|
| | 간 접 | 넓이 개념에 대한 이해를 높인다. |

| 선행학습 | 직사각형과 정삼각형, 마름모의 동치관계 |
|---|---|

| 언 어 | 동치 |
|---|---|

| 교구제시 | |
|---|---|

| | |
|---|---|
| 활동과정<br>(상호작용) | • 제시 1) < 평행사변형과 직사각형간의 동치관계><br>• 철판도형 ④와 ⑤ 준비하여 증명하기<br>• 직사각형의 삼각형들과 평행사변형과 바꿔보고 같음 알기.<br>• 평행사변형의 밑변은 직사각형의 밑변과 같다.<br>• 직사각형의 세로 는 평행사변의 높이와 같다.(삼각형을 갖다 대어봄.)<br><정의 내리기><br>• 평행사변형과 직사각형이 동치를 이루려면 평행사변형의 밑변과 직사각형의 가로의 길이가 같고 평행사변형의 높이와 직사각형의 세로의 길이가 같다.<br>• 즉 밑변과 높이가 같으면 동치이다.<br>• 제시 2) <사다리꼴과 직사각형간의 동치관계><br>• 철판도형 ⑩ 을 준비하여 증명하기.<br>• b를 a에 바꾸어 끼우기.<br>• b의 조각을 c에 넣기 (c는 비어있음)<br>• 밑변과 높이 비교하기.<br>• 직사각형의 가로의 길이는 사다리꼴의 밑변 + 윗변과 같아야 하고 직사각형의 세로의 길이는 사다리꼴 높이의 $\frac{1}{2}$ 이어야 한다.<br>• 사다리꼴의 높이는 작은 삼각형 두 개를 대어서 확인한다.<br>  - A를 Ⓐ로 옮겨서 평행사변형 A-1과 같음을 확인한다.<br>    B를 Ⓑ로 옮겨서 평행사변형 B-1과 〃 〃<br>    C를 Ⓒ로 〃 〃 C-1과 〃 〃<br>    D를 Ⓓ로 〃 〃 D-1과 〃 〃<br>  - A와 C가 같음을 증명한다.<br>    즉 A와 같은 넓이 공간에 C-1 원이 들어차게 됨으로 A와 C-1은 같다.    A=C-1 그리고 C와 C-1은 같으므로 C=C-1이다. |
| 흥 미 점 | 철판도형. |
| 실수정정 | 동치라는 용어를 이해하지 못할 때 |

| 변형확대<br>및<br>응 용 | • 그림을 그리고 명칭과 정의쓰기<br>• 소책자 꾸미기. | **지도상의 유의점** |
|---|---|---|
| | | 직사각형으로 모든 도형을 비교하기 때문에 직사각형을 기억해야 이 작업을 할 수 있다. |
| | | **관 찰 ( 아 동 평 가 )** |
| | | 철판도형을 이용하여 직사각형과 평행사변형 사다리꼴의 동치관계를 이해하는가? |

## 활동(48)

| 주 제 | 변심거리에 대한 연구 | 대상연령 | 9~12세 |
|---|---|---|---|
| 교 구 | 정다각형 서랍, 철판도형(원안에 내접한 삼각형), 분수 판(4개의 삼각형으로 나뉜 정사각형), 원 서랍에서 가장 큰 원, 종이, 연필, 자, 색연필 | | |
| 목 표 | 직 접 | 정다각형의 변심거리를 찾을 수 있다. | |
| | 간 접 | 원의 반지름과 지름에 따른 원의 넓이에 대하여 연구한다. | |
| 선행학습 | 수직 이등분선, 도형의 밑변 | | |
| 언 어 | 변심거리 | | |
| 교구제시 | (내접) | | |

| | |
|---|---|
| **활동과정**<br>**(상호작용)** | 제시1)삼각형에서 십각형 그리고 원까지 제시한다.<br>　- 모두 정다각형이다, 모든 다각형은 이 원안의 틀에서 올릴 수 있다.<br>　- 모든 도형의 밑변에 파란색으로 표시한다.<br>　- 원의 밑변은 작은 점이다.<br>• 중심에서 파란선(밑변)으로 수직이등분하여 빨간 선으로 내리 긋는다.<br>　- 이것이 변심거리다.<br>• 변과 변심거리와의 관계 알아보기.<br>　- 정삼각형 a(변심거리)<S(변)<br>　- 정사각형 a<S,<br>　- 정오각형 a<S,<br>　- 정육각형 a<S,<br>　- 정칠각형 a>S,<br>　- 정팔각형 a>S,<br>　- 정구각형 a>S,<br>　- 정십각형 a>S,<br>• 원에서는 변심거리를 반지름이라고 한다.<br>• 어느 정다각형도 변심거리와 면의 길이가 같은 정다각형은 없다.<br>• 변심길이가 많아질수록 수가 늘어난다.<br>• 이 변심거리는 원 공부에 필요하다. |
| **흥 미 점** | 중심에서 변심거리를 그어 보는 것. |
| **실수정정** | 변심거리라는 용어의 의미를 알지 못할 때 |

| | | |
|---|---|---|
| **변형확대**<br>**및**<br>**응　용** | • 원의 반지름 보다 더 긴 정다각형의 변심거리 찾기.<br>• 그림 그리고 명칭과 정의를 써서 소책자를 만들기. | **지도상의 유의점** |
| | | 원의 변심거리는 아주 독특하다. 원에서는 변심거리를 '반지름'이라 부른다. |
| | | **관 찰 ( 아 동 평 가 )** |
| | | 정다각형의 변심거리를 찾을 수 있는가? |

## 활동(49)

| 주 제 | 동치인 도형간의 변에 대한 관계 | 대상연령 | 9~12세 |
|---|---|---|---|
| 교 구 | 삼각형 상자, 철판 도형, 정다각형 상자 | | |
| 목 표 | 직접 | 동치인 도형들을 큰 삼각형과 비교하고, 도형간의 변들을 비교할 수 있다. | |
| | 간접 | 마름모 평행사변형의 넓이를 셈할 수 있다. | |
| 선행학습 | 삼각형의 동치 | | |
| 언 어 | 동치 | | |
| 교구제시 | | | |

| | |
|---|---|
| **활동과정**<br>**(상호작용)** | 제시1)첫번째 부분 : 도형들을 큰 삼각형과 비교<br>• 큰 정삼각형1개와 2개로 만든 도형들의 선과의 관계 살펴보기.<br><br>• 마름모에서 주 대각선은 큰 정삼각형의 한 변과 같다.<br><br>• 평행사변형의 윗변은 정삼각형의 한 변과도 같다.<br><br>제시2)두 번째 부분 : 도형간의 비교<br><br>- 위의 도형들은 큰 정삼각형의 에 해당한다. 또 동치이다.<br>- 각각의 선들을 살펴본다.<br><br>- 마름모의 주 대각선은 평행사변형의 밑변과 같다.<br>- 평행사변형의 긴 변은 화살촉의 긴 변과 같다.<br>- 마름모의 주대각의 긴 변은 화살촉의 긴 변과 같다.<br>- 마름모의 한 변은 평행사변형의 짧은 (작은)변의 길이와 같다.<br><br>- 평행사변형의 윗변은 정삼각형의 한 변과도 같다. |
| **흥 미 점** | 큰 정삼각형과 2개로 만든 도형 살피기. |
| **실수정정** | 동치라는 뜻을 모를 때. |

| | | |
|---|---|---|
| **변형확대**<br>**및**<br>**응 용** | 위 도형들을 공책에 그리고 문장으로 관계를 나타낸다. | **지도상의 유의점** |
| | | 화살촉이란 삼각형 2개를 이어서 만든 모양을 의미한다. |
| | | **관 찰 ( 아 동 평 가 )** |
| | | 동치인 도형간의 변들의 관계에 대해 아는가? |

활동(50)

| 주 제 | 분할 값을 가진 두 도형 간의 관계 ( I ) | 대상연령 | 9~12세 |
|---|---|---|---|
| 교 구 | 철판도형(육각형 안에 내접한 삼각형), 종이, 가위, 풀, 정다각형 서랍 | | |
| 목 표 | 직접 | 육각형과 마름모꼴 다른 분할 값을 가진 육각형과 삼각형 변의 길이관계를 알 수 있다. | |
| | 간접 | 육각형의 면적을 셈할 수가 있다. | |
| 선행학습 | 동치인 도형간의 변에 대한 관계 | | |
| 언 어 | 내접한 삼각형 | | |
| 교구 제시 | | | |

| | | |
|---|---|---|
| 활동과정<br>(상호작용) | 제시1)육각형과 삼각형<br> - 육각형 안에 내접한 세 개의 둔각 삼각형으로 이루어진 정삼각형 제시하기.<br> - 이변은 육각형의 대각선이고, 삼각형의 한 변이다.<br> - 대각선의 의미 : 한 점에서 이웃하지 않는 점을 이은선이라 한다.<br>   (점 3개를 이어서 삼각형을 만들기)<br> - 중점을 지나는 대각선을 말한 것은 아니다.<br> - 이 삼각형은 육각형에 내접한 삼각형이다.<br> - 또한 육각형의 $\frac{1}{2}$이다. → 밖의 부분을 접어서 $\frac{1}{2}$을 보여준다.<br> - 두 삼각형은 합동이다.<br> - 삼각형의 한 변의 길이는 육각형의 대각선의 길이와 같다.<br> - 내접한 삼각형의 길이와 육각형의 대각선의 길이가 같으면 두 삼각형들은 동치이다.<br>제시2)육각형과 마름모꼴<br> - 위의 육각형을 이용하기.<br> - 이것은 육각형이다. 세 개의 마름모를 포함하고 있다(중점을 이어서 만들기)<br> - 선을 가지고 비교하기.<br> - 마름모의 대각선 길이는 육각형의 대각선의 길이와 같음을 알아본다.<br> - 마름모의 한 변의 길이는 육각형의 한 변의 길이와 같음을 알아본다.<br>• 그림 그리고 정의 명칭 써서 소책자 만들기 | |
| 흥미점 | 육각형 안의 삼각형에 밖의 삼각형 접어 넣기. | |
| 실수정정 | • 육각형을 놓고 대각선을 그어 삼각형을 만들지 못할 때 | |
| 변형확대<br>및<br>응용 | • 소책자 만들기<br>• 기억 놀이<br><br>• 육각형과 삼각형, 육각형과 마름모꼴에 대한 동치학습을 위한 교구 제작 | **지도상의 유의점**<br><br>작업을 통해서 동치의 개념을 분명히 알게 된다.<br><br>**관찰(아동평가)**<br><br>육각형과 삼각형, 육각형과 마름모꼴의 선의 관계를 알고 있는가? |

## 활동(51)

| 주 제 | 분할 값을 가진 두 도형 간의 관계(Ⅱ) | 대상연령 | 9~12세 |
|---|---|---|---|
| 교 구 | 철판도형, 활동 47과 같음 | | |
| 목 표 | 직접 | 다른 분할 값을 가진 육각형과 사다리꼴 마름모꼴과 사다리꼴의 관계를 알 수 있다. | |
| | 간접 | 도형간의 관계를 요약할 수 있다. | |
| 선행학습 | 다른 분할 값을 가진 육각형과 삼각형, 사다리꼴의 관계 | | |
| 언 어 | 합동 동치 | | |
| 교구 제시 | | | |

| 활동과정<br>(상호작용) | 제시1)육각형과 사다리꼴의 관계를 제시<br>- 사다리꼴 가장 밑변의 길이와 육각형의 주 대각선 길이와 비교하자.<br>- 사다리꼴의 윗변의 길이와 육각형의 한 변의 길이가 같음을 알아본다.<br>- 사다리꼴의 밑변의 길이는 육각형의 한 변의 길이의 2배임을 증명한다.<br><br>제시2)마름모꼴과 사다리꼴의 관계를 제시<br>- 마름모꼴의 주대각선의 길이는 사다리꼴의 윗변의 길이와 같음을 증명해 본다.<br>- 마름모꼴의 주대각선의 길이는 사다리꼴 아랫변 길이의 $\frac{1}{2}$임을 증명해 본다.<br>- 마름모의 한 변의 길이는 사다리꼴의 빗변의 길이와 같은가를 알아본다.<br>- 마름모의 작은 대각선의 길이는 사다리꼴의 빗변의 길이와 같은가를 알아본다.<br>• 그림을 그리고 명칭 정의 써서 소책자 만들기 | |
|---|---|---|
| 흥 미 점 | 사다리꼴의 윗변, 아랫변과 육각형의 한 변의 길이 비교하기. | |
| 실수정정 | 합동과 동치의 개념이 인지되지 않을 때. | |
| 변형확대<br>및<br>응 용 | • 육각형과 사다리꼴, 마름모와 사다리꼴의 도형간의 관계를 복습할 수 있는 교구를 만들어 활용해 본다. | **지도상의 유의점**<br>동치 철판도형작업의 일반적인 목적은 아동에게 왜 어떤 도형이 동치인지를 깨닫게 하는데 있다.<br><br>**관찰(아동평가)**<br>다른 분할 값을 가진 육각형과 사다리꼴, 마름모꼴과 사다리꼴의 관계를 이해하는가? |

## 활동(52)

| 주 제 | 작은 육각형상자<br>(삼각형, 육각형, 사다리꼴, 마름모꼴의 관계) | 대상연령 | 9~12세 |
|---|---|---|---|
| 교 구 | 6개의 회색 정삼각형, 3개의 초록 정삼각형, 2개의 빨간 정삼각형, 노란 정삼각형, 6개의 빨간 둔각삼각형(명칭카드) | | |
| 목 표 | 직접 | 육각형과 사다리꼴, 마름모꼴과의 관계를 알고 삼각형과 육각형, 사다리꼴의 관계를 알 수 있다. | | |
| | 간접 | • 육각형, 사다리꼴, 마름모꼴의 넓이의 관계를 이해한다. | | |
| 선행학습 | 다른 분할 값을 가진 두 도형 | | |
| 언 어 | 동치 | | |
| 교구제시 | | | |

| | |
|---|---|
| 활동과정<br>(상호작용) | 제시1)육각형과 사다리꼴, 마름모꼴과의 관계제시<br> - 회색, 초록, 빨간 정삼각형을 검은 선대로 놓기<br>• 육각형과 사다리꼴의 비교하기.<br> - 사다리꼴은 육각형 밑쪽에 밀어 넣은 뒤 비교하기.(사다리꼴은 육각형 $\frac{1}{2}$ 이다.)<br>• 마름모와 육각형을 비교하기. - 마름모는 육각형의 $\frac{1}{3}$ cm 해당한다.<br>• 마름모와 사다리꼴의 비교하기. - 마름모는 사다리꼴의 $\frac{2}{3}$ cm 해당한다.<br>제시2)삼각형과 육각형, 사다리꼴과의 관계<br> -정육각형 만들기<br> - 그 안의 내접한 정삼각형에 노란 정삼각형 놓기.<br> - 노란삼각형은 육각형의 $\frac{1}{2}$ 에 해당된다.<br>• 다시 제 모습 만들기<br> - 회색 정육각형과 빨간색 정육각형은 동치다.(겹치기)<br> - 다시 따라 놓고, 동치임을 확인한다.<br> - 노란삼각형 빨간 삼각형의 $\frac{1}{2}$, 노란 정삼각형은 회색삼각형의 $\frac{1}{2}$ 이다.<br> - 빨간 육각형을 A, 회색 육각형은 B, 정삼각형 C 라 하자.<br> - 만약 A와 B가 같다면 C 가 A의 $\frac{1}{2}$ 이라면, C는 역시 B의 $\frac{1}{2}$ 이다.<br>제시3) 회색육각형과 초록사다리꼴 비교하기<br> - 초록 사다리꼴은 회색육각형의 $\frac{1}{2}$ 이다. → 사다리꼴 올려놓기.<br> - 노란 정삼각형도 회색 육각형의 $\frac{1}{2}$ 이다. 따라서 노란 정삼각형과 초록 사다리꼴은 동치임을 증명해 본다. |
| 흥 미 점 | 육각형 안에 내접한 다각형 만들기. |
| 실수정정 | 삼각형으로 다각형을 구성할 수 없을 때 |

| | | |
|---|---|---|
| 변형확대<br>및<br>응 용 | • 다른 다각형의 동치 관계를 찾는다.<br><br>• 그림을 그리고 명칭 정의 써서 소책자 만들기. | **지도상의 유의점**<br>충분한 시간을 주어 동치의 개념을 확실히 한다.<br>**관 찰 (아 동 평 가)**<br>삼각형, 육각형, 사다리꼴, 마름모꼴의 동치 관계를 아는가? |

활동(53)

| 주 제 | 작은 육각형 상자 | 대상연령 | 9~12세 |
|---|---|---|---|
| 교 구 | 삼각형상자(회색삼각형, 4개의 빨간 정삼각형), 작은 육각형상자(노란삼각형, 3개의 회색정삼각형), 명칭카드 : 2개의 등호(=)표시, 종이와 연필 | | |
| 목 표 | 직 접 | 정삼각형과 작은 정삼각형 3개나 4개로 이루어진 정삼각형, 사다리꼴의 크기를 비교 할 수 있다. | |
| | 간 접 | 분수의 개념과 비율을 이해한다. | |
| 선행학습 | 삼각형과 육각형, 사다리꼴의 관계 | | |
| 언 어 | 동치 | | |
| 교구제시 | $T_1$ 4 | $T_2$ | |

| | |
|---|---|
| 활동과정<br>(상호작용) | • 회색삼각형과 4개의 빨간 정삼각형으로 만든 삼각형을 비교해보자.<br>　- 회색△은 4개의 빨간 정삼각형 동치이다.($\frac{1}{4}, \frac{2}{4}, \frac{3}{4}, \frac{4}{4}$ 하면서 세기)<br>• 분수의 값으로 놓기(삼각형들 사이에)<br>• 등호와 $\frac{4}{4}$ 숫자 적어 놓기.<br>• 노랑삼각형 회색사다리꼴은 동치임을 증명해 본다.<br>• 분수의 값 $\frac{3}{4}$ 놓기.<br>• 위의 작업을 보면서 회색과 노란색 정삼각형과의 관계를 알아본다.<br>• 우리는 회색조각과 빨간색 조각이 같음을 보여준다.<br>• 회색사다리꼴은 $\frac{3}{4}$ 임을 알아본다..<br>• 노란 정△과 회색사다리꼴은 동치이므로, 노란색 정삼각형은 $\frac{3}{4}$ 이다.<br>• 위의 작업은 동치의 관계를 이끌도록 하는 작업이다. |
| 흥미점 | 분할되는 도형의 모양을 보는 것. |
| 실수정정 | '동치'라는 용어를 이해하지 못할 때 |

| | | |
|---|---|---|
| 변형확대<br>및<br>응용 | • 삼각형과 동치관계의 다각형 찾기.<br>• 그림 그리고 명칭에 대한 정의를 써서 소책자를 만든다. | **지도상의 유의점** |
| | | 분할되는 도형의 모양(분수개념의 강조) 또는 비율을 보고 도형간의 비례를 이해한다. |
| | | **관찰 (아동평가)** |
| | | 정삼각형과 작은 정삼각형 3~4개로 이루어진 정삼각형 사다리꼴의 크기를 비교할 수 있는가? |

# 활동(54)

| 주 제 | 세 가지 상자의 연합<br>(삼각형, 육각형, 마름모꼴의 비율) | 대상연령 | 9~12세 |
|---|---|---|---|
| 교 구 | 삼각형상자(회색삼각형, 3개의 빨간 정삼각형), 큰 육각형상자(큰 정삼각형,3개의 노란둔각삼각형), 작은 육각형상자(회색 육각형, 노란정삼각형),종이와 연필, 명칭카드 | | |
| 목 표 | 직접 | 삼각형, 육각형, 마름모꼴의 비율을 알 수 있다. | |
| | 간접 | 분수 값을 셈할 수 있다. | |
| 선행학습 | 삼각형간의 비율 | | |
| 언 어 | 동치 | | |
| 교구제시 | | | |

| | |
|---|---|
| 활동과정<br>(상호작용) | 제시1) • 회색삼각형은 빨간 삼각형4개로 이루어 졌고, $T_1$ 이라고 하자.<br>• 노랑삼각형은 빨간 삼각형3개로 이루어 졌고, $T_2$ 이라고 하고, 빨간 삼각형을 $T_3$ 노란육각형을 $H_1$ 회색 육각형은 $H_2$라 하자.<br>• $T_1 - T_2 = T_3$<br>- $T_1$과 $T_2$를 중심을 맞춘다. 테두리만큼이 큰 것이다. 테두리의 면적이 빨간 삼각형이다.<br>- 회색삼각형을 $H_1$과 비교한다. 육각형은 회색삼각형의 2배이다.<br>- '노란색 육각형은 $\frac{8}{4}$ 이다' 하면서 $H_1$밑에 올려놓는다.<br>- 회색육각형 노란정삼각형 2개가 있는 것이다.<br>- $H_2$밑에 $\frac{6}{4}$ 놓기<br>- 빨간 마름모는 $T_3$이 2개이며  따라서 $\frac{2}{4}$ 이다.<br>- $\frac{8}{4} - \frac{6}{4} = \frac{2}{4}$   $H_1 - H_2 = 2T_3$ |
| 흥 미 점 | $T_1$과 $T_2$를 중점에 맞추어 식을 만들기. |
| 실수정정 | 도형의 한 부분을 분수로 나타내지 못할 때 |

| | | |
|---|---|---|
| 변형확대<br>및<br>응    용 | • 삼각형과 육각형의 차이 알아 보기.<br><br>• 그림 그리고 명칭 정의 써서 소책자 만들기. | **지도상의 유의점** |
| | | 충분한 시간을 주어 분수로 나타내 보도록 한다. |
| | | **관 찰 ( 아 동 평 가 )** |
| | | 삼각형, 육각형, 마름모간의 비율을 알 수 있다. |

## 활동(55)

| 주 제 | 육각형들, 삼각형들 간의관계, 정삼각형에 내접한 정삼각형의 비율 | 대상연령 | 9~12세 |
|---|---|---|---|
| 교 구 | (칠판도형 : 3부분으로 나누어진 삼각형, 종이, 연필)<br>작은 육각형 상자 : 2개의 빨간 정삼각형, 2개의 빨간 둔각삼각형<br>삼각형상자 : 회색정삼각형, 반으로 나뉜 초록 삼각형, 회색삼각형, 4개의 빨간 삼각형<br>작은 육각형상자 : 노란정삼각형, 작은 빨간 정삼각형, 빨간 둔각삼각형 | | |
| 목 표 | 직접 | ·삼각형이나 육각형 들 간의 관계에 대해 증명할 수 있다.<br>·기하 응용에 대한 사고력을 확장시킨다. | |
| | 간접 | 정삼각형과 내접한 정삼각형의 비율을 알 수 있다. | |
| 선행학습 | 육각형 삼각형의 비율 | | |
| 언 어 | 내접, 동치 | | |
| 교구제시 | | | |

| | |
|---|---|
| 활동과정<br>(상호작용) | • 제시 1) 육각형들 간의 관계에 대한 증명<br>– 우리는 큰 육각형(노란)에서 작은 회색 육각형을 빼면 빨간 삼각형2개가 됨을 증명할 것이다.<br>– 빨간 정삼각형 철판 삼각형에 넣어서 같음을 확인한다.(3개의 조각으로 이루어짐)<br>– 노란 큰 육각형에 회색 육각형을 올려놓고 나머지 부분 종이로 만들어 놓은 둔각삼각형 6개로 채우기<br>• 제시 2) 두 삼각형들 간의 관계에 대한 증명<br>– 이 둔각삼각형 마름모의 $\frac{1}{2}$이다.<br>– 이 정삼각형은 둔각이등변삼각형과 동치다.<br>• 증명하기<br>– 정삼각형을 종이로 만든다.<br>– 높이가 되도록 자른 삼각형의 반을 자른다.<br>– 둔각△ 위에 자른 종이 올려놓기.<br>– 이 정삼각형은 이 둔각삼각형과 동치이다.<br>• 다른 두 삼각형의 관계<br>– 초록색 직각삼각형은 2개의 빨간 삼각형과 동치이며, 큰 삼각형 $\frac{1}{2}$이다.<br>– 회색정삼각형과 초록삼각형은 동치이며, 빨간 삼각형 중 어느 것이든 4개가 있으면 초록 정삼각형을 만들 수 있다.<br>• 제시 3) 정삼각형과 안에 내접한 정삼각형들의 비율<br>– 만든 삼각형에서 내접한 삼각형을 빼 놓는다. |
| 흥미점 | 종이로 만든 정삼각형 잘라 동치 증명하기. |
| 실수정정 | 내접의 의미를 인지하지 못할 때 |

| | | |
|---|---|---|
| 변형확대<br>및<br>응용 | • '내접'이란 용어를 써 보고 설명해 보게 한다.<br><br>• 크기가 다른 삼각형간의 관계를 알아본다. | **지도상의 유의점** |
| | | 삼각형 육각형의 비율에서 생각해본다. |
| | | **관찰(아동평가)** |
| | | 육각형들, 삼각형들 간에 이루어지는 관계성을 이해하는가? |

## 활동(56)

| 주 제 | 정사각형 안에 내접한 도형간의 관계, 정삼각형의 높이에 따른 정삼각형 | 대상연령 | 9~12세 |
|---|---|---|---|
| 교 구 | 분수 판 : 전체사각형, 4개의 삼각형으로 나뉘어진 사각형, 8개의 삼각형으로 나뉘어진 사각형<br>삼각형상자 : 회색정삼각형, 두 개의 빨간 정삼각형<br>작은 육각형상자 : 노란 정삼각형, 2개의 빨간 둔각 삼각형<br>세 개의 구성삼각형 상자, 명칭카드 : +, =<br>삼각형모양의 마분지 T1=5, T2=5 T3=5(작은 빨간 정삼각형) |||
| 목 적 | 직접 | 정삼각형의 한 변의 길이와 높이와의 관계를 이해한다. ||
|  | 간접 | 피타고라스의 정리를 이해한다. ||
| 선행학습 | 정삼각형과 내접한 정삼각형의 비율 |||
| 언 어 | 선행학습에서 나온 언어들 |||
| 교 구 제 시 | |||

| | | |
|---|---|---|
| 를 동과정 (상호작용) | 제시1) 정사각형 안에 내접한 도형간의관계<br>　- 이것은 정사각형이다. 대각선으로 나누면, 4개의 직각이등변 삼각형이다.<br>　- 4개의 직각이등변△중 2개를 빼놓고 마름모 만들기<br>　- 이 정사각형에 내접한 정사각형은 큰 정사각형에 $\frac{1}{2}$이다.<br>　- 내접한 마름모를 정사각형의 대각선 방향으로 삼각형 2개를 이어 큰 삼각형 만들어 $\frac{1}{2}$임을 증명하기.<br>제시2) $\frac{1}{8}$조각으로 만들어 증명해보기<br>　- 큰 정사각형에 내접한 정사각형은 큰 정사각형의 $\frac{1}{2}$이다. 라고 할 수 있다<br>제시3) 다른 정삼각형의 높이와 정삼각형<br>　- 첫 번째(삼각형상자) 꺼낸 삼각형으로 제시하며 빨간 정삼각형으로 마름모를 만든 후 회색 정삼각형위에 놓기.<br>　- 둔각이등변삼각형도 마름모 만들어 회색 정삼각형위에 놓기. → 한 개 치우기 마름모의 주 대각선은 높이가 된다.<br>　- 노란색 작은 삼각형 한 변의 길이가 회색 큰 정삼각형의 높이와 같다.<br>　- 회색삼각형과 노란 정삼각형의 관계를 알아본다. | |
| 흥 미 점 | 피타고라스의 정리를 도형으로 이해하게 될 때. | |
| 실수정정 | 내접한 정사각형이 큰 정사각형에 반이됨을 인지하지 못할 때 | |
| 변형확대 및 응 용 | • 내접한 도형을 그리고 색칠한다.<br><br>• 소책자를 만들어 제시하면서 설명 한다. | **지도상의 유의점**<br><br>정확한 개념 파악이 되도록 교사와 아동이 같이 작업을 하도록 한다.<br><br>**관 찰 ( 아 동 평 가 )**<br><br>내접한 정사각형이 큰 정사각형의 $\frac{1}{2}$이 됨을 아는가? |

## 활동(57)

| 주 제 | 피타고라스의 원리 | 대상연령 | 9~12세 |
|---|---|---|---|
| 교 구 | 첫 번째 철판 도형 (17, 18, 19번) | | |

| 목 표 | 직 접 | ・피타고라스의 정리를 철판 도형을 이용하여 이해할 수 있다.<br>・피타고라스 정리의 유클리드 증명 방식을 이해한다. |
|---|---|---|
| | 간 접 | 동치에 대한 이해를 높인다. |

| 선행학습 | 기본도형의 넓비 측정, 동치관계의 개념 학습 |
|---|---|
| 언 어 | 피타고라스 정리, 공식, 유클리드 증명법, 기하학적증명 |
| 교 구 제 시 | |

| | |
|---|---|
| 활동과정<br>(상호작용) | <감각적인 활동으로 맞추기만 하기. 6~9세 과정의 복습><br>제시1)첫 번째 철판도형 18번 제시하기. (전면 그림 참조)<br>• 단순히 서로 자리 이동만 하기.<br>• 빨간 정사각형을 양쪽에서 꺼내어 나열하여 동치 여부를 확인하기.<br>• 색 자리에 빨간색 $\frac{1}{4}$ 조각 2개 넣기, 노란색 자리에 빨간색 $\frac{1}{4}$ 2개 넣기.<br>• 빨간 조각 자리에 파란 $\frac{1}{2}$ 2개, 노란 $\frac{1}{2}$ 2개 넣기.<br>• 단지 동치임을 보여준다.<br>( 19 번 산술적인 증명 은 교구로 개를 옮겨서 A+B=C임을 증명한다.(전면 그림 참조)<br>• 두 번째 철판 도형인 직각 부등변 삼각형의 3변의 조각 설명.<br>• 파랑 3줄의 조각, 노랑 4줄의 조각, 빨강 5줄의 조각으로 이루어진 변이다.<br>• 철판도형의 수를 세어보기 조각의 수를 세어본다.<br>  - 파랑 $3^2$ = 9, 노랑 $4^2$ = 16, 빨강 $5^2$ = 25이다.<br>• 여기서 바꿔 보자.<br>  - 노랑과 파랑 자리에 빨강으로 채우고 빨강자리에 파·노랑조각으로 채워 보자.<br>$$\begin{array}{lll} 3^2 = 9 & 3 = a & a^2 \\ 4^2 = 16 & 4 = b & + b^2 \\ 5^2 = 25 & 5 = c & c^2 \end{array}$$<br>• 공식 끌어내기<br>  - 직각 △은 $a^2 + b^2 = c^2$ 공식이 이루어진다.<br>제시2)유클리드 증명법 (기하학적 증명)<br>• 유클리드 철판도형 준비하기.<br>• 제시는 다음의 단계를 밟으며 이루어진다.<br>  - 1단계 : 빨간색 직사각형들을 두 개의 평행사변형과 비교하기(감각적으로, 그 다음에는 기하학적으로)<br>  - 2 단계 : 두 개의 평행사변형 두 개의 정사각형과 비교하기(감각적으로 그 다음에는 기하학적으로) |
| 흥미점 | 공식 유추하기. |
| 실수정정 | 피타고라스나 유크리드에 대한 명명의 기초 배경을 인지하지 못할 때 |

| 변형확대<br>및<br>응용 | • 삼각형, 반원, 마름모, 평행사변형, 사다리꼴, 육각형 등으로 확장하여 피타고라스 정리를 증명해 본다. | 지도상의 유의점 |
|---|---|---|
| | | 개인의 학습속도에 따라 여러 날을 작업할 수도 있다. |
| | | 관찰 (아동평가) |
| | | 피타고라스의 정리를 이해하는가? |

## 활동(58)

| 주 제 | 부피(Volume)의 개념 소개 | 대상연령 | 9~12세 |
|---|---|---|---|
| 교 구 | 정육면체 상자 - 가장자리가 2cm, 면적 교구 - 정사각형으로 나뉘어 진 노란 직사각형 | | |
| 목 표 | 직접 | 정육면체로 입체를 만들고 공식을 만들 수 있다. | |
| | 간접 | 사각기둥의 부피를 셈할 수 있다. | |
| 선행학습 | 면적 | | |
| 언 어 | 입체 도형, 표면 | | |
| 교구제시 | | | |

| | | |
|---|---|---|
| **활동과정<br>(상호작용)** | • 교구안내<br>  - 전면에 제시한 나무상자 안에 작은 흰색의 육면체 부피 (즉 각 설탕같은 cube모양의) 1000개가 들어 있는 교구이다.<br>• 부피 소개<br>• 정육면체 상자 모양 확인하기.<br>• 12개의 정육면체로 만들 수 있는 입체를 만들고 공식을 써 본다.<br>• 12개의 정육면체를 가지고 입체도형을 만든다.<br>• 표면을 구하는 것을 알고 있다.<br>  - 2×2×3 다르게 쌓아보도록 한다.<br>  - 공식 : 2×1×6을 쌓아 보도록 한다.<br>  - 자신이 스스로 문제를 만들고 그 문제대로 쌓아본다.<br>  - 각자가 만든 입체의 공식을 써서 답을 산출해 본다 | |
| **흥미점** | 스스로가 문제를 만들고 실지로 면적과 정육면체를 쌓아 보는 일 | |
| **실수정정** | 문제와 쌓아놓은 육면체가 다름을 발견하지 못하는 경우. | |
| **변형확대<br>및<br>응용** | 더 많은 수의 정육면체로 입방체를 만들고 공식 만들기. | **지도상의 유의점**<br><br>3~6세의 분홍 탑 쌓기와 가로 세로 긋는 이유는 본 학습과 연계를 이룬다.<br><br>**관찰 (아동평가)**<br><br>정육면체로 입체를 만들고 공식을 만들 수 있는가? |

## 활동(59)

| 주 제 | 사각기둥의 부피 | 대상연령 | 9~12세 |
|---|---|---|---|
| 교 구 | 밑변의 정사각형인 직사각형 기둥, 회색 5개의 직사각형 입체, 노란색 이전의 제시에서 사용했던 작은 정육면체상자 갈색 계단에서 가장 넓은 계단, 종이, 연필, 테이프, 명칭카드 : I, w, h ||| 
| 목 표 | 직접 | 사각기둥의 부피 내는 공식을 이해한다. ||
| | 간접 | 입체의 높이 개념을 이해한다. ||
| 선행학습 | 부피의 개념 |||
| 언 어 | 부피 |||
| 교구제시 | $V = l \cdot w \cdot h$ |||

| | |
|---|---|
| **활동과정**<br>**(상호작용)** | • 사각기둥의 모양을 확인하고 부피를 알아보자.<br>• 회색의 직육면체를 갈색 직육면체와 비교하여 같음을 확인한다.<br>• 회색육면체의 부피와 갈색육면체의 부피를 구해 본다.(같다)<br>• 정육면체의 상자에 회색 직육면체가 들어간다.<br><br>제시1)노란 나무 면적 상자를 제시한다. (직사각형 5개 입체, 부피자료)<br>• 우리는 이미 직사각형의 넓이는 배웠었지?<br>• 회색직육면체에 가로, 세로, 높이를 써서 붙인다.<br>• 여기서 한 변의 넓이는 알기 때문에 높이만 알면 된다.<br>• 먼저 직사각형의 넓이를 구하고 육면체의 높이를 구하여 곱해 보자<br>  그 까닭은 무엇인가?<br>• 명칭 카드와 공식카드를 만든다. |
| **흥미점** | 5개의 직사각형 입체를 쌓아 사각기둥을 만들어 보는 것. |
| **실수정정** | 사각기둥의 구성의 이치를 이해하지 못할 때 |

| | | **지도상의 유의점** |
|---|---|---|
| **변형확대**<br>**및**<br>**응 용** | • 명령카드<br>  - 교실의 다른 입체의 부피 구해 보게 한다.<br><br>• 갈색계단, 빨간 막대, 분홍 탑 등의 부피 계산하기.<br><br>• 부피 도표 만들기. | 여기서 부피는 밑면적 곱하기 높이와 같다는 것이 중요하다. |
| | | **관찰(아동평가)** |
| | | 사각기둥의 부피 내는 공식을 이해하는가? |

## 활동(60)

| 주 제 | 삼각기둥과 마름모형 기둥의 부피 | 대상연령 | 9~12세 |
|---|---|---|---|

| 교 구 | 명칭카드(b, a, h) 종이, 연필, 테이프, 끈 |
|---|---|

| 목 표 | 직접 | 삼각기둥, 마름모형 기둥의 부피 내는 공식을 이해하고 만들 수 있다. |
|---|---|---|
| | 간접 | 삼각기둥, 마름모형과 사각기둥의 동치관계를 이해한다. |

| 선행학습 | 사각기둥의 부피 |
|---|---|

| 언 어 | 부피 |
|---|---|

| 교구제시 | V=L-W-B |
|---|---|

| | | |
|---|---|---|
| 활동과정<br>(상호작용) | <삼각 기둥의 부피><br>• 삼각기둥의 모양 확인하기.<br>  - 먼저 직육면체를(회색) 만들어서 구해야 한다.<br>  - 삼각기둥이 둘로 나누어진 것을 갖고 사각기둥 만들기.<br>  - 삼각기둥은 사각기둥의 $\frac{1}{2}$이므로 사각기둥 부피에서 나누기 2를 한다.<br>    $V = \frac{lw}{h}$ ($l$:가로, $w$:세로)<br>  또 다른 공식을 알아보자.<br>    $\frac{b}{2} \cdot h$ 높이 (b : 밑변, h : 높이)<br><마름모형 기둥의 부피><br>• 마름모형 기둥의 모양 확인하기.<br>• 방법 1)은 마름모의 넓이 공식은 주 대각선<br>  * 부대각선에 $\frac{1}{2}$을 해 준 것이다.<br>여기에 높이만 해 주면 마름모기둥의 부피다.<br>$V = \frac{dD}{2} \cdot h$ (D : 주 대각선 d : 부대각선)<br>• 방법 2는 마름모형 기둥을 2개의 삼각형 기둥으로 나누고 그 중에 1개의 삼각형 기둥을 다시 2개의 같은 직각삼각형 기둥으로 만들어 사각기둥을 만든다.<br>  - 주 대각선의 길이가 사각형의 가로가 되고 부 대각선의 $\frac{1}{2}$이 세로가 되어 $V = \frac{b}{2} * D * h$가 된다. | |
| 흥미점 | 삼각기둥을 마름모형 기둥 사각형으로 만들어 공식 만들기. | |
| 실수정정 | 사각기둥의 넓이 내는 공식의 이치를 이해하지 못할 때. | |
| 변형확대<br>및<br>응용 | 부피 도표 만들기 | **지도상의 유의점**<br><br>직각인 변을 가진 모든 입체, 직각이 아닌 변을 갖는 입체 (모든 모양의 뿔, 구)에 대한 부피를 알아본다.<br><br>**관찰 (아동평가)**<br><br>삼각기둥, 마름모형 기둥의 부피내는 공식을 이해하는가? |

활동(61)

| 주 제 | 육각기둥과 원기둥의 부피 | 대상연령 | 9~12세 |
|---|---|---|---|
| 교 구 | 육각기둥의 부분 명칭카드, (a. p. h. r등) 종이카드, 연필, 테이프, 가위, 끈 | | |
| 목 표 | 직접 | 육각기둥, 원기둥의 부피 내는 공식을 이해하고 부피를 셈할 수 있다. | |
| | 간접 | 육각기둥과 사각기둥의 동치 관계를 이해한다. | |
| 선행학습 | 사각기둥의 부피 | | |
| 언 어 | 부피 | | |
| 교구제시 | | | |

| | | |
|---|---|---|
| 활동과정<br>(상호작용) | <육각기둥의 부피><br>• 육각기둥의 모양 확인하기.<br>• 밑면적을 알면 높이만 구하면 된다.<br>• 10각형의 면적 구하는 것과 연관시키기 육각형 기둥과 같은 조각 기둥 제시.<br>• 육각형 기둥을 가운데 사각기둥 1개와 그 좌우에 삼각기둥 1개씩으로 나누고 다시 왼쪽의 삼각기둥을 다시 똑같은 2개의 직각삼각기둥을 만들어 이것들을 이용하여 큰 사각기둥을 만든다.<br>• 임의 삼각기둥의 삼각형의 높이가 변심거리다.<br>• 따라서 세로는 변심거리의 2배이다.<br>• 공식 끌어내기 (a : 변심거리, p : 둘레의 길이)<br>   밑 (넓이) A = 2a · $\frac{p}{4^2}$ = $\frac{a \cdot p}{2}$<br>   부피(V) = $\frac{ap}{2}$ · h<br><원기둥의 부피><br>• 원기둥의 모양 확인하기.<br>• 반지름은 쉽게알 수 있다.<br>• 밑넓이 구하기 = r*r*3.14  A= $\pi r^2$<br>• 원기둥의 높이 : h, 단순하게 구할 수 있다. 부피(V)= $\pi r^2 h$<br>• 소책자 만들기 | |
| 흥 미 점 | 밑면적 앞면 높이만 구하면 된다는 것. | |
| 실수정정 | 소책자 만들기. | |
| 변형확대<br>및<br>응 용 | 육각기둥과 원기둥의 부피를 만들어서 셈해본다.<br>공식 적용하여 문제 풀기. | **지도상의 유의점**<br>모든 도형은 넓이를 계산하기 위해서 직사각형으로 변환시켰다. 지금 우리는 부피를 계산하기 쉽게 하기 위하여 모든 입체를 정사각형 밑면의 직각사각기둥으로 변환시킬 것이다.<br>**관 찰 (아 동 평 가)**<br>육각기둥과 원기둥의 부피 내는 공식을 만들 수 있는가? |

## 활동(62)

| 주 제 | 정사각뿔과 원뿔의 부피 | 대상연령 | 9~12세 |
|---|---|---|---|
| 교 구 | 모래, 국자, 넘칠 때 받을 쟁반, 종이, 연필. | | |
| 목 표 | 직접 | 사각뿔과 원뿔의 부피 내는 공식은 이해하고 만들 수 있는가? | |
| | 간접 | 기둥과 뿔의 부피의 관계를 이해한다. | |
| 선행학습 | 사각기둥 원기둥의 부피 | | |
| 언 어 | 부피 | | |
| 교구제시 | | | |

| | |
|---|---|
| 활동과정<br>(상호작용) | 제시1)정사각형 밑면의 사각뿔의 부피<br>• 사각뿔의 모양 확인하기.<br>• 사각뿔을 찾기 위해 사각기둥을 이용한다.<br>• 밑면이 같고, 높이도 같다.<br>• 사각기둥을 보이면서 부피 구하는 것을 확인한다.<br>• 사각뿔에 모래를 가득 넣어 사각기둥 안에 쏟기.<br>• 사각뿔에 모래를 3번 넣어 사각기둥에 모래가 가득히 차게 됨을 확인.<br>• 공식은 직육면체의 부피 ÷ 3<br>$V = \dfrac{Lah}{3}$<br>제시2)원뿔의 부피<br>• 원뿔의 모양 확인하기.<br>  - 마분지 이용해 먼저 원기둥을 만들다. 원뿔도 같은 방법으로 만든다.<br>  - 사각뿔을 보이면서 사각기둥의 $\dfrac{1}{3}$ 임을 알았다.<br>  따라서 원뿔도 원기둥의 $\dfrac{1}{3}$ 이다.<br>• 모래를 넣어 확인하기.<br>• 원뿔의 그림을 그리고 공식명칭을 써넣어 소책자를 만들기. |
| 흥 미 점 | 모래 넣어 부피의 크기 확인하기. |
| 실수정정 | 소책자 만들기. |

| | | |
|---|---|---|
| 변형확대<br>및<br>응 용 | • 명령카드<br>  - 공식 적용하여 문제 풀기<br>• 작은 통 (직육면체의 $\dfrac{1}{3}$ )이용.<br>  - 작은 통에 모래 넣고 사각뿔에 옮기 보기 : 같음 → 부피가 동치다. | **지도상의 유의점**<br>정사각형 밑면은 사각기둥의 첫 번째 그룹의 기본도형이 된다.<br>**관찰(아동평가)**<br>사각뿔과 원뿔의 부피 내는 공식을 이해하고 셈할 수 있다. |

활동(63)

| 주 제 | 입체의 부피 | 대상연령 | 9~12세 |
|---|---|---|---|
| 교 구 | 모래, 국자, 쟁반, 깔때기, 얇은 팬, 자, 부피를 위한 원기둥 (선택), 종이, 연필, 명칭카드 : $V=\pi r^2 h$, d, 2, r, $r^3$ | | |
| 목 표 | 직접 | 구의 부피 내는 공식을 이해하고 공식을 만들 수 있다. | |
| | 간접 | 구의 정의를 내릴 수 있다. | |
| 선행학습 | 원기둥의 부피 | | |
| 언 어 | 부피 | | |
| 교구제시 | | | |

| | |
|---|---|
| 활동과정<br>(상호작용) | • 구의 모양 확인하기.<br>  - 두꺼운 마분지로 구의 원기둥을 만든다. (구를 감싸는)<br>• 우리는 원기둥의 부피를 구해보았다. ⇨ V=π, r²h<br>• 원기둥의 높이는 구의 지름과 같다. h = d (구의 지름)<br>• 구의 부피는 원기둥에서 남은 부분을 빼면 된다.<br>• 구가 들어 있는 원기둥에 모래 넣기.<br>• 잘 들어가지 않으면 모래를 따로 놓기. (위 + 아래)<br>• 원기둥에서 구를 빼 놓고 담았던 모래를 원기둥에 넣는다.<br>• 원기둥의 $\frac{1}{3}$ 을 모래가 차지한다.<br>• 따라서 $\frac{2}{3}$ 는 구가 차지하는 것이다.<br>• 구의 부피는(V) = $\frac{2}{3}$ · π$r^2$d인데 d는 지름 (=높이)인데 반지름이 2개이므로<br>$\qquad = \frac{2}{3} \cdot \pi r^2 (2r)$<br>$\qquad = \frac{4}{3} \pi r^3$<br>• 그림 그리고 명칭, 공식 써서 소책자 만들기. |
| 흥 미 점 | 원기둥을 만들어 모래 넣기. |
| 실수정정 | 소책자 만들기. |

| | | |
|---|---|---|
| 변형확대<br>및<br>응 용 | • 명령카드<br>  - 공식 적용하여 문제풀기. | **지도상의 유의점**<br>원기둥을 만들 때 구가 꽉 차게 만들어야 하며 모래가 위아래의 틈 사이로 빈틈이 없게 해야 한다.<br>**관 찰 (아 동 평 가)**<br>원뿔의 부피 내는 공식을 이해하고 부피를 셈할 수 있는가? |

# 참 고 문 헌

- 공주대학교 「교육과 도형의 이론적 배경」http://math.kanju.ac.kr
- 교육부 제7차 초.중등학교 교육과정」(1988)
- 교육부 제7차 초.중등학교 교육과정해설」(제1권-5권)(1997)
- 김홍중www>math>com/khj
- 미국 A.M.S 몬테소리교육강사 수강내용
- 서울대학교 수리과학부 「기하학」http://math.snu,ac.kr/
- 서울잠일초등학교「몬테소리교육방법을 적용한 개별화 교수학습능력의 활성화 방안」(2000)」
- 서울초등 몬테소리교육연구회「연수자료 제1권-7권」
- 성균관대학교 「수학과 기하학」 연구실 http://mathskku.ac>kr
- 송미령,한종혜 「몬테소리교육(제1권--12)」프뢰벨사(1995)
- 장태수 인하대 수학석사 http://www.mathinha.ac.kr. tsjang
- 한국몬테소리 교육학회몬테소리「교육연구제3집」
- 교육부 「초등학교 수학과 교과서」

판권
본사소유

### 몬테소리 교수 - 학습지도안
### 기　　하

발행일 : 2004년 10월
저　자 : 권　명　자
발행인 : 임　소　애
발행처 : 도서출판 **몬테소리**

서울시 강남구 대치동 891-23 대우아이빌 명문가 4차 101-1004호
전화:02-503-8255
fax:02-557-2905
E-mail: 109kwon@hanmail.net
등록 : 2003. 10. 1
　　　(ISBN. 89.90893-06-02)

값 17,000원

잘못된 책은 교환해 드리며 불법복제를 금합니다.

www.montessori-k.co.kr

### 몬테소리 권 명 자

## 누구나 쉽게 만들어 잘 가르치고 배울수 있는
## 교수·학습을 위한 자료제작 기본 교구집

- 교수·학습의 활용성, 경제성, 영구성, 수월성을 갖춘 교과별 학습 자료
- 5년간 유치원과 초등학교의 현장적용 연구와 검증을 바탕으로 한 본 몬테소리교구는 창의적인 교수·학습 지도에 필요합니다.
- 활용 대상: 유치원, 어린이 집, 초등학교, 방과후 교실, 가정 방문교육 등

- www.montessori-k.co.kr에는
  유아(유치원, 어린이집) 초등학교의 학습지도 동영상 및 몬테소리교육관련 이론 및 전국 시범공개의 검증 결과와 그 외에 일반 동화, 바른 사람 만들기'를 위한 훈화동화 일부의 자료들을 보실 수가 있습니다.
  (서울oo초등학교 혼합연령 학급운영의 수업내용 중심)
- 본 교구 집은 복사하는 일을 줄이고 누구나 쉽게 만들어 교실의 교구화가 가능하며 학습의 효율성을 높입니다.

**권 명 자** 지음
- 서울잠일초등학교장(전)
- 사)한국몬테소리교육협회장(전)
- 서울초등몬테소리교육연구회장(전)
- 서울교육연수원교육연구관(전)
- 평화보육교사교육원장(현)

### 〈본 교구집은〉
- 누구나 쉽게 교실의 교구화 가능하다.
- 흥미 선택활동 및 자기주도적 학습능력을 신장시킨다.
- 사고력, 창의력신장 및 영재성 개발에 도움을 준다.

### ◆ 유아·초등 공용

| 순 | 교구제작의 실제 | 정가(원) |
|---|---|---|
| 1 | 동물자료제작(상) | 15,000 |
| 2 | 동물자료제작(하) | 15,000 |
| 3 | 지리자료제작(상) | 13,000 |
| 4 | 지리자료제작(하) | 13,000 |
| 5 | 식물자료제작의 실제 | 15,000 |
| 6 | 역사자료제작의 실제 | 15,000 |
| 계 | 6권 | 86,000 |

www.montessori-k.co.kr

몬테소리 **권 명 자**

## 잘 가르치고 잘 배울수 있는
## 개별화 교수·학습지도서 (유아·초등)

- 학교교육이 살아야 국가가 튼튼해 집니다.
- 학력 신장은 학생 누구나 성취해 보고 싶은 기본 욕구이며, 개인의 발전과 국력의 기틀이 됩니다.
- 영재 대상아 발굴 및 육성에 도움을 주는 자료입니다.
- 교육전문가인 교사는 미래를 바라볼 수 있는 미래지향적인 교육과정 개발의 주도자가 되어야 합니다.
- 21세기 다변화시대에 대처해 갈 학생들의 잠재능력 개발하고 교육과정의 재구성과 교수.학습방법에 창의력을 발휘 할 때 입니다.

### 구입문의

**M** 도서출판 **몬테소리**

전　화 : 041)669-9090, fax: 02)557-2905
　　　　070)4101-9090
입금처 : 국민은행　468037-01-009459
예금주 : 임남일
교보문고(www.kyobobook.co.kr)
　　☎1544-1900

◆ 유아

◆ 초등

◆ 유아

| 순 | 지도서 | 정가(원) |
|---|---|---|
| 1 | 감각 | 6,000 |
| 2 | 일상 | 11,000 |
| 3 | 수학 | 12,000 |
| 4 | 언어 | 12,000 |
| 5 | 문화 | 12,000 |
| 계 | 5권 | 53,000 |

◆ 초등

| 순 | 지도서 | 정가(원) |
|---|---|---|
| 1 | 수학 | 15,000 |
| 2 | 기하 | 17,000 |
| 3 | 영어 | 13,000 |
| 4 | 지리 | 9,000 |
| 5 | 역사 | 9,000 |
| 6 | 동물 | 9,000 |
| 7 | 식물 | 5,000 |
| 계 | 7권 | 67,000 |